不動産王
大川護郎

経済ジャーナリスト
渋谷和宏

「家賃ゼロ賃貸」構想が日本の常識を変える

〝姫路のトランプ〟と呼ばれる
不動産王の発想力

幻冬舎

「家賃ゼロ賃貸」構想が日本の常識を変える

〝姫路のトランプ〟と呼ばれる不動産王の発想力

不動産王
大川護郎

経済ジャーナリスト
渋谷和宏

目次

第4章

エピローグ

装幀　米谷テツヤ
カバー写真　長屋和茂
本文写真　渋谷和宏
本文イラスト　たかしまてつを
ＤＴＰ　中村文

本文は敬称を省略しております

プロローグ

「『姫路のトランプ』と呼ばれる男
～生まれ育った姫路市を世界で一番住みたい街にしたい～」

「『姫路のトランプ』と呼ばれている人に会ってみたいと思いませんか?」

きっかけは編集者の一言だった。

「政治家ではありません。不動産ビジネスで大成功した起業家で、姫路市や大阪府を中心に賃貸マンションなどを数多く所有していて、それらには五千世帯近い人たちが住んでいるそうです。面白いのは、その人……大川護郎さんというのですが、所有する物件の家賃をゼロにして、入居者にただで住んでもらうと言っているんですよ」

「〝ただ〟って〝無料〟という意味ですか」

「その通りです」

「慈善事業を始めるつもりですか」

「それが違うんです。あくまでビジネスベースで家賃をゼロにするのだそうです。家賃ゼロで不動産ビジネスを成り立たせるということです。すでにそのための計画を立て、動き出していて、これまでの不動産ビジネスの常識をブルドーザーで破壊するような大胆な発想や力業から、『姫路のトランプ』とも呼ばれているらしいんです」

ビジネスベースで家賃をゼロにする――にわかには信じられない構想に関心を持った筆者は後日、編集者が送ってくれた資料に目を通した。

大川護郎、四十六歳、不動産会社アンジェロ・グループの創業社長で、一代で姫路市では一頭地を抜く不動産のオーナーになった人物だ。

二〇一八年十二月現在、アンジェロ・グループが所有する賃貸マンションなどの物件は二百九十六棟、駐車場は二千七百二十一台分、それらを合わせた土地面積は十八万平方メートルを超える。

二百九十六棟に住む居住世帯数は五千八に達し、うち大川が生まれ育った兵庫県姫路市では二千五百世帯がアンジェロ・グループの物件に暮らしている。

それらの入居率は九〇・〇一パーセントに達し、総収入は月間約四億円・年間約五十億円に上る。また年間の利回り、つまり不動産に投資した金額に対する家賃収入の割合は、借入金の返済を除いたネットの利回りで九・七二パーセントと十パーセント近くに達している――。

厳しい不動産ビジネスの勝ち組、それも圧倒的な勝者だと言えるだろう。

この起業家が伊達や酔狂でなく、また慈善事業でもなく、ビジネスとしての採算を踏まえて「所有する賃貸マンションの家賃をゼロにする」と動き出しているのだとすれば、経済ジャーナリストとして会わない選択肢はなかった。

「大言壮語でも誇張でもなく、我々は家賃をゼロにします。入居者から家賃を受け取りません」

大川は日焼けした顔を綻《ほころ》ばせて言った。

「所有する物件の家賃をゼロにするとのことですが、それは入居者が月々支払う家賃を無料にするという言葉通りの意味で受け取っていいんですか？」

そんな質問への第一声だ。

その声はやや野太く、体格はがっしりして、どちらかと言えば強面の印象だろう。しかし顔立ちは端正で、笑顔がチャーミングだ。

大川は続ける。

「すでにプランも練り上げていて、準備を進めています。私が生まれ育った姫路市内には、私が経営する不動産会社アンジェロ・グループの所有する賃貸物件に約二千五百世帯、八千人以上が住んでいて、姫路市内の全賃貸物件の居住者の五パーセントを占めています。まずはこの二千五百世帯の人たちの家賃を順次、ゼロにしていきます」

「それでもやっていけるんですか？　だって家賃収入がなくなったらアンジェロ・グループの売り上げは激減してしまうでしょう？」

「普通はそう考えますよね。それでも成り立つ仕組みを私は準備しているんですよ。『0《ゼロ》賃貸0《ゼロ》仲介システム』と名づけていまして、入居者は家賃を一円も払わない。それでも我々アンジェロ・グループは収入を得られて、利益を賃貸物件の買収やリノベーション（再生）などの再投資に回せる――そんな持続可能なやり方を考え出したんです」

ではそのやり方とは？

大川が考えたやり方はこれまでの不動産ビジネスの枠を超えていた。

前代未聞のプロジェクトだと言っても過言ではない。

詳しくはぜひ本書の第1章「家賃ゼロの街をつくります〜動き出した0賃貸0仲介システム〜」をお読みいただければと思う。

しかも家賃をゼロにするだけではないと言う。

アンジェロ・グループが姫路市内に所有する賃貸マンションの屋上にWiFi用のアンテナを設置していく。

それらの賃貸マンションに住む人たちが、無線でデータをやりとりできる高速無料WiFiのインフラを構築していくのだ。実現すれば姫路市内に巨大な無料WiFiのインフラ――情報ネットワークが出来上がる。

さらに大川が姫路市内に所有する物件が建つ約百二十キロ平方メートル、姫路市全体の二十二パーセントの面積を占めるエリアに一万五千台のウェブカメラ――インターネットに接続された防犯用のカメラを設置するのだ。

「網の目のように細かいウェブカメラのネットワークがあれば、例えば夜、塾から帰宅する子どもの様子を親がスマホで確認できます。警察や自治体と連携すれば、徘徊して行方がわからなくなっている認知症の高齢者を捜したり、エリア内で起きた交通事故の状況を確かめたりもできます。ストーカーや子どもの誘拐を企んでいるような不審者を追跡することもできるでしょう」

そして大川は面会の終了時刻が迫ってきたころ、こう結んだ。

「ええカッコしいみたいに聞こえてしまうと気恥ずかしいのですが、私は生まれ育った姫路市を日本一安全で住みやすい街にしたいんです。若い人たちが未来を夢見られるような、懸命に働いている人たちの苦労が報われるような、そんな街になってほしいんです。家賃がゼロになったら、将来への投資にお金を回したり、美味しいモノを食べたりできるじゃないですか。安全・安心な街になれば、住みたい人が全国から移住してきて街が活性化するじゃないですか」

もしこれがさしたる実績もない人物が発した言葉だったら、もっと言えば、もし大川の言葉ではなかったら、筆者は眉に唾を付けていたかもしれない。

あるいはあまり苦労を知らないような二代目社長の発言だったら「現実を甘く見ていないか？　歯が浮くような台詞にも聞こえる」などとかなり底意地の悪い受け止め方をしてしまったかもしれない。

しかし一時間ほどのインタビューを終えた筆者には、胸にすとんと落ちるような、真摯な思いの吐露に聞こえた。

一代で不動産のビッグオーナーに成り上がった実績がそうさせただけではない。何よりも大川にリアリストとしての視線の存在を感じたからだ。

詳しくは第3章「学んだのは『数は力だ』ということです～大川護郎はいかにして〝姫路のトランプ〟になったか～」をお読みいただきたいが、大川が小学生だった時、父親が事業に失敗して億単位の借金をこしらえてしまったという。

それなりに豊かだった生活は一変し、毎月、母親の給料日になると借金取りが家にやってきて、少ない給金から取り立てていった。自宅玄関に「金返せ」と大きな字で張り紙されていたことも何度かあったと言う。

そんな家庭の事情もあって、地元の中学校を卒業した大川は就職の道を選び、姫路市内の新聞販売会社に入社する。

担当は販売で、新聞を取ってくれている既存の顧客をつなぎ止める一方、新たな顧客を開拓するのが主な仕事だった。

やがて新聞販売店での経験を積むに従ってビジネスの才能を発揮し始めた大川は、そこでビジネスを貫く普遍的な原理原則に気づく。

それは「数は力」だという摂理だ。

「どんなビジネスも『数は力だ』ということですわ。数が増えていけば相手の態度が変わり、やがて下にも置かない扱いをしてくれるようになりますからね」

新聞販売店の事業で言えば、新聞を一部売ってもらえる販売手数料はさほど大きな金額ではない。しかし購読数が五千部、一万部と増えていくにつれて、利益の伸びには加速度がついていく。新聞社や広告主に対する発言力も高まっていくので、販売手数料や広告単価も上げられるようになる。

体験から学んだ「数は力だ」という確信は不動産ビジネスにも受け継がれ、やがて大川を姫路市きってのビッグオーナーへと成長させる推進力の核となる。

身も蓋もないリアルなビジネスの摂理を経験から体得し、それを不動産ビジネスというリアルな戦いの場で活かしてきた叩き上げの起業家が語る夢は、現実を知らないロマンチストが語る夢とは強度が違う。

リアリストが見る夢は夢であると同時に現実的な目標なのだ。

そう筆者には受け止められた。

あるいはこうも言い換えられるかもしれない。

ロマンチストでなければ夢を見ることはできないが、リアリストでもなければ夢を見る資格はない。

ただのロマンチストでは問答無用の現実に突き当たり、一敗地にまみれるのは避けられないだろう。


家賃ゼロ構想について一通りの話を終えた後、インタビューは雑談に切り替わった。

筆者はさしたる意図もなくごく自然な好奇心からこう質問した。

「賃貸マンションのオーナーには気苦労も多いでしょう？　掃除一つとっても、掃除を請け負ってくれる会社のスタッフが、住人に満足してもらえるまできちんとやってくれるとは限らないでしょうし……」

大川は言った。

「気苦労も我々の仕事のうちですよ。ただ掃除については、私は今では基本的に清掃会社に発注していないんです。だれにしてもらっていると思います？　入居者さんにお任せしているんですよ。私が所有する賃貸マンションの入居者にはファミリーが少なくありません。外に出て働きたくても、育児や家事に追われてそれができないお母さんはけっこういらっしゃるんですよ。そういう方に『週二回、掃除してくださったらこれだけ出しますよ。現金でお支払いしてもいいですし、家賃と相殺でもかまいませんよ』とお願いするんです」

「入居者さんは清掃会社なんか比べものにならないほど見事に綺麗に掃除してくれますよ。それはそうですよね。なにしろ自分が住んでいるマンションなんだから一生懸命になりますよ。綺麗になったら本人も嬉しいですから。それに引き換え清掃会社にはひどいところがありました。『週三回、掃除しています』などと言いながらろくに掃き掃除もせず、『半年に一回の特別清掃を行いましたので追加料金をいただきます』などと請求してきた会社さえありましたから」

「ただ入居者に清掃をお願いするのにはコツがあるんです。『この人なら大丈夫だ』と見込んだ入居者に内々に頼むんです。公募したら何人でも募集してきますが、三十世帯程度のマンションなら清掃は一人いれば十分で、あとは全員が落選ということになる。落ちた人は面白くないでしょう？　後々揉める原因になりかねないんです」

「姫路のトランプ」と呼ばれる起業家は人間理解に長けたアイデアマンでもあった。

面会が終わるころには筆者の気持ちは固まっていた。その場で密着取材をさせてほしいと大川に依頼したのは言うまでもない。

姫路市に向かったのはそれから間もなくのことだった。

第1章　「家賃ゼロの街をつくります」

～動き出した0賃貸0仲介システム～

1

二〇一八年四月中旬の昼下がり、姫路市内の繁華街で大川護郎が進める前代未聞のプロジェクトの行方を左右する実証実験が行われた。

大川が所有する賃貸マンションから飛ばしたWiFi（無線）の電波を、繁華街を歩きながらスマートフォンで受信できるかどうか確認する実験だ。

場所はJR姫路駅からほど近い立町《たてまち》で、電波を飛ばす賃貸マンションは居酒屋やスナック、バーなどが入居するテナントビルの並ぶ魚町通《うおまちどおり》に建つ。

前面にグレーのタイルをあしらい、壁面を黒く塗った五階建ての賃貸マンションは、おしゃれな店舗が目立つ魚町通の風景によく溶け込んでいる。

午後一時過ぎ、実験が始まった。

WiFiによる情報ネットワークの構築を担当する日本総合情報通信社長の大西貴広が、マンションの一階から二階に上がる階段の踊り場に設置したアンテナのスイッチを入れる。

アンテナは屋外専用に設計された機種で、高さが三十センチほど、片手でも楽々持ち上げられるほど軽量だ。

●実証実験のイメージ

「反応していますね。アンテナから飛ばしたＷｉＦｉの電波をスマホはちゃんとキャッチしています」

専用アプリを開発したゴールドキーのゼネラルマネジャー、津田昌俊が大川にスマホの画面を見せた。

「ホンマやな」

大川がうなずいた。

「それなら外に出てみようか。外でもアンテナから飛ばした電波をスマホが捕まえられるか確認してみよう」

大川、大西たちが魚町通の商店街に出て、アンテナが設置された五階建ての賃貸マンションを背に歩き出した。

「アンテナからの電波はまったく問題なく届いていますね。スマホはきちんとキャッチしています。ほら、ご覧の通りです。データはしっかり見られますよ」

大西が言う。

「どんなデータを見ているの？」

大川が大西のスマホを覗き込んだ。

「動画か。凄いな。動画もきっちり見られるんやな。これは滅茶苦茶、面白《おもろ》いわ」

「もう少し離れていってみましょうか？」

大西が言い、先に歩き出した。

交差点を渡り、五十メートルほど離れた場所に立ち止まり両手で「マル」を描く。

大川が「もう少し離れてみて」と手を大きく動かす。

大西は再び歩き出し、姫路城の大手門へと続く目抜き通りとの交差点まで遠ざかっていった。

大西の姿が見えなくなり、しばらくしてから大川のケータイが鳴った。

電話に出た大川が「そうか、それなら戻ってきてや」と弾んだ声で言い、電話を切った。

「いやあ、これは凄いわ。百メートルはゆうに離れていると思うけれど、電波はきっちり届いているそうやから。いざ実験が成功したとわかると、ほっとするだけじゃなくて感動しますね」

大川はそう言ってこちらに笑顔を見せた。

「私の頭の中ではＷｉＦｉによる情報ネットワークの仕組みはきちんと出来上がっていたし、念入りに準備してきたので、電波は間違いなく届き、スマホでキャッチできると思っていました。でもそれはあくまで頭の中での話で、実際にやってみなければやはりわからないですからね。百パーセント確信したくても、できませんでしたから」

大西が小走りで戻ってきた。

「ほかの電波による干渉もまったくなくて、スマホはしっかりうちのＷｉＦｉを受信してくれていました。一階から二階に上がる階段の踊り場の高さでこれですから、十階建てのビルの屋上から電波を飛ばせば、それこそ姫路駅まで離れていってもスマホで受信できると思います」

大西の表情にも安堵が滲んでいる。

大西によれば、この屋外専用に設計されたアンテナは障害物のない草原だと二・五キロメートル以上離れても無線の電波が届き、データを送出する力を持っていると言う。

「これを数百台、等間隔に設置すれば、姫路市内全域でＷｉＦｉを使えるようになります。それらを使った大川さんのプロジェクトが動き出せば、姫路は以前とは違う街に生まれ変わるはずです」

これが大西の持論でもあった。

実験の成功はその実現に一歩近づいたという意味を持つ。

「あちらを見てください」

大西の報告を聞いた大川が、白い歯を見せて目抜き通りの方角を指さした。

「姫路市内には高い建物が少ないでしょう？　このあたりでいちばん高い建物は十三階建てのホテルで、十五階以上のビルは市内にはないんですよ。そのおかげで我々の賃貸マンションの屋上から発信した電波は、建物にぶつからず飛んでいきます。それに東京や大阪と比べると姫路市内に飛び交っている電波は圧倒的に少ないので、アンテナから出た電波がほかの電波に干渉されてしまうリスクも小さいんですよ」

確かに姫路市内にあるのは中低層のビルばかりだ。

姫路駅から姫路城へと続く目抜き通りにはメガバンクや地方銀行の支店が建ち並んでいるが、十階以上の建物は見当たらない。

姫路駅に近づく山陽新幹線の車窓から、姫路城の華麗で荘厳な姿を望めるのも高い建物にさえぎられていないからだ。

電波についても、もちろん目に見えないが、ケータイなど電子機器の電波が飛び交う東京や大阪のような大都市に比べて圧倒的に少ないのは間違いないだろう。

大川が進める前代未聞のプロジェクトがなぜ姫路市で行われるのか、その理由の一つがわかったような気がした。

空から見た姫路～庁舎と周辺市街地（提供　姫路市）

２

前代未聞のプロジェクトとは、入居者が月々支払う家賃と、大家が不動産仲介会社に支払う仲介手数料をゼロすなわち無料にするという、初めて聞いた人はだれもが耳を疑いたくなるような取り組みだ。

大川はこれを「**０《ゼロ》賃貸０《ゼロ》仲介システム**」と名づけている。

大川は言う。

「私が生まれ育った姫路市内には合わせて十九万五千世帯、五十四万人の人たちが暮らしていて、その四分の一にあたる四万八千世帯がアパートやマンションなどの賃貸物件に住んでいます」

「このうち私が経営するアンジェロ・グループの所有する賃貸物件に住んでいる人たちは約二千五百世帯、約八千人で、姫路市内の普通賃貸物件の五パーセントを占めています。『０賃貸０仲介システム』の第一段階として、まずはこの二千五百世帯の人たちの家賃を順次、ゼロにしていく計画です」

つまり大川は、二千五百世帯が月々支払ってきた家賃を今後は受け取らないと断言しているのだ。

冗談でも酔狂でもない。

アンジェロ・グループが打ち出した正式な事業計画だ。

しかし、

「今後は家賃を受け取らない」

これだけ聞くと、どうしてもにわかには信じられないプロジェクトに思えてしまう。

不動産賃貸ビジネスを成り立たせているのは、物件の所有者つまり大家が入居者や店子から得る賃貸料収入だからだ。

さらに大家が不動産仲介会社に支払う仲介手数料や不動産管理会社に支払う物件の修繕費も、賃貸料収入が原資となっている。

これらがなければ大家は生計を立てられない、不動産会社もやっていかれない、と普通はだれもが考える。

これらを「ただにする」と言うのだ。

そんなことができるのだろうか。

大川が率いるアンジェロ・グループは姫路市や神戸市、大阪府などに二百九十六棟（二〇一八年十二月現在）の物件を所有し、それらには合わせて五千八世帯が住んでいる。

その五割に当たる姫路市内二千五百世帯の家賃を無料にしてしまったら、アンジェロ・グループの収入は激減してしまうのではないか。

「それでも成り立つ仕組みが『0賃貸0仲介システム』ですよ」

と大川は言う。

「入居者は家賃を一円も払わないでいいんです。大家は仲介手数料を一円も支払う必要がありません。それでも我々アンジェロ・グループは収入を得られ、利益を賃貸物件の買収やリノベーション（再生）などの再投資に回せる。そんな持続可能な仕組みが『0賃貸0仲介システム』なんですよ」

ではどうやって収入と利益を確保するのだろうか。

その発想、仕組みは従来の不動産ビジネスの常識を超えていた。

売り上げと利益を確保する手段、それは広告収入だ。

大川によれば、姫路市では企業が一年間に使う広告費は合計で一千五百億円超に達するという。企業が地元のテレビ局や新聞社などに出稿した広告を積み上げるとこれだけの規模になるというのだ。

このうち家庭のポストに直接投函する投げ込みチラシやダイレクトメール、広告を入れ込んだポケットティッシュのような手渡し広告など、家庭にとって身近なポスティング広告だけで、年間約二百億円に上る。

「それらの広告費の一部を我々アンジェロ・グループがいただく」ことで家賃に代わる収入を確保しようと考えているのだ。

家賃から広告費への収入源の転換、それが「0賃貸0仲介システム」の前提だと言っていい。

ではどうやって「広告費の一部をアンジェロ・グループがいただく」のか。

広告収入を得るための仕掛け、これを大川は「すまアド」と名付けた。

その構想を見てみよう。

プロセスは大きく次の三つに分けられる。

１、「すまアド」を実現する情報ネットワークの構築
２、専用アプリを配布し「すまアド」会員を獲得
３、広告を集め「すまアド」会員向けに配信

順番に説明していこう。

１、「すまアド」を実現する情報ネットワークの構築

まずアンジェロ・グループが姫路市内に所有する賃貸マンションの屋上にＷｉＦｉ用のアンテナ――冒頭に紹介した実証実験で使ったアンテナを設置していく。

それらの賃貸マンションに住む人たちが、無線でデータをやりとりできる高速無料ＷｉＦｉのインフラを構築していくのだ。

今後、アンジェロ・グループが姫路市内に所有するすべての賃貸マンションに順次アンテナを設置する計画で、実現すれば姫路市内に無料ＷｉＦｉのインフラ――情報ネットワークが出来上がる。

アンジェロ・グループが姫路市内に所有するのは二千五百世帯だ。

それらが建つエリアは、東西が姫路市内を流れる二本の川、市川《いちかわ》と夢前川《ゆめさきがわ》に挟まれた八キロメートルに及ぶ。一方、南北が姫路港のある飾磨《しかま》港区《こうく》から姫路市大字仁豊野《にぶの》・砥堀《とほり》の山すそまでの十五キロメートルに渡る。

総面積は約百二十キロ平方メートル、これらのエリアには姫路市の総人口約五十三万人のうち六十六パーセントを占める約三十五万人が住んでいる。

●背後の山と2本の川に挟まれたエリアにWiFiのネットワークを作る

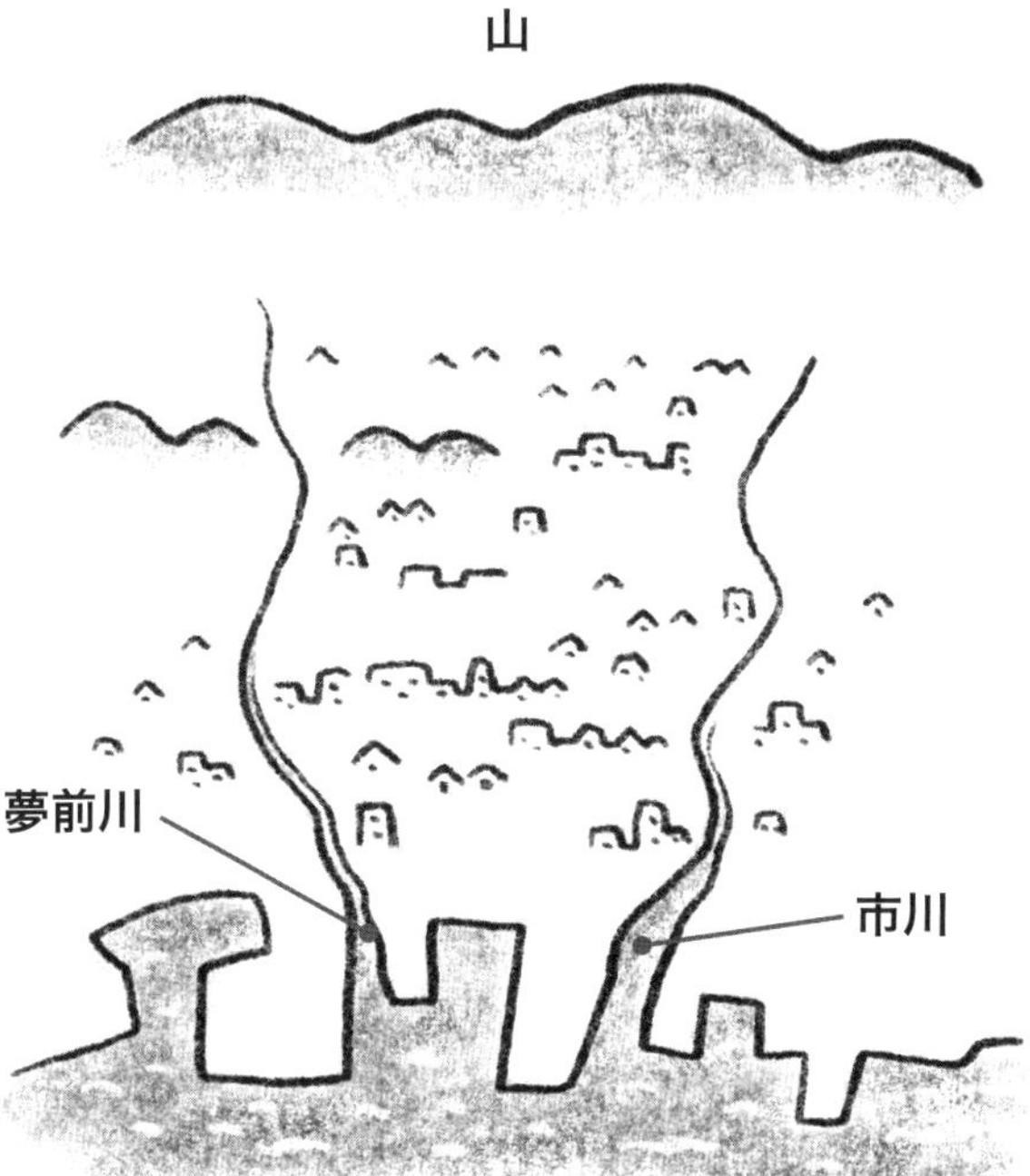

2、専用アプリを配布し「すまアド」会員を獲得

次にアンジェロ・グループの賃貸マンションに住む二千五百世帯の居住者に、専用アプリをインストールして「すまアド」の会員になってもらい、高速無料Ｗｉ‐Ｆｉでやりとりされる様々な情報をスマホで読み取れるようにしていく。姫路市の面積の二十二パーセントを占める情報ネットワークへの参加者を増やしていくのだ。

もちろん会員登録は強制ではない。専用アプリをインストールするかどうかは居住者の自由意思に委ねられる。

そこで居住者が自発的・積極的に専用アプリをインストールしてくれるような仕掛けを用意した。専用アプリをインストールして「すまアド」の会員になると、いくつものメリットを享受できるようなアイデアだ。こちらについては後で詳しく触れよう。

●「すまアド」イメージ①

◆物件情報掲載画面

◆広告掲載画面

●「すまアド」イメージ②

◆クーポン掲載画面

◆タイムリー広告掲載画面

●「すまアド」イメージ③

◆「すまアド」会員証掲載画面

◆各種お気に入り画面

●「すまアド」提供サービス内容

WiFi 無料
ANGELO物件にWiFiを設置し、中継器を設置、姫路市全域のWiFiを無料に！　今後はWebカメラも使用可能に

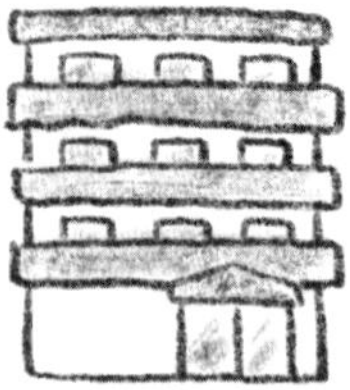

物件情報検索
ANGELOの物件情報を掲載。入居希望者は無料で物件を検索／内覧できる

広告掲載
エリアを絞って広告の閲覧が可能。毎日、朝刊／夕刊とともに新着広告が届く

タイムリー広告掲載
エリアを絞ってリアルタイムの広告、求人広告、クーポンを配信することが可能

各種クーポン発行
グループ会社や協力会社、スポンサーからのクーポンも掲載。登録会員は使用可能

店舗情報表示
姫路市の店舗情報を掲載。店舗情報詳細やクーポンなど

ポイント制度
ANGELOポイントを取得することが可能。広告閲覧や様々なことでポイントを取得

各種会員特典
エクシブの利用、ゴルフ場など、会員限定も追加可能

３、広告を集め「すまアド」会員向けに配信

こうしてインフラを構築し、会員を確保したうえで、企業や商店から広告を募っていく。

後で詳しく触れるが、家庭のポストに直接投函する投げ込みチラシやダイレクトメールのような家庭にとって身近なポスティング広告は、とりわけ「すまアド」向けのネット広告に転換しやすいだろう。

これらは「広告費の一部をアンジェロ・グループがいただく」ターゲットの一つになる。

３

ここまで読んでも、「本当に家賃をゼロにするつもりなの？」とまだ信じられない読者は決して少なくないだろう。

「考え方はわかったけれど、いざ実行となるとやはり難しいのではないか」

そう実現性に首を傾げる読者もいるに違いない。

無理はないだろう。賃貸マンションの収入源を家賃から広告費へと転換するなどという試みに挑戦した起業家はこれまで一人もいなかったからだ。

しかし「0賃貸0仲介システム」はすでに動き出している。

冒頭に紹介した、二〇一八年四月十三日に行われた姫路市内の繁華街での実証実験は、まさにステップ1の「『すまアド』を実現する情報ネットワークの構築」のための第一歩だった。

「0賃貸0仲介システム」の前提となる高速無料WiFiのインフラが、想定通り機能するか確認するための試みだったのだ。

実験は成功し「0賃貸0仲介システム」は実現に向けて大事な一歩を踏み出した。

今回の実証実験では無線用アンテナをテナントビルの一階から二階に上がる階段の踊り場にセットしたが、本番では二千五百世帯が住む賃貸マンションの屋上に設置する。

姫路市内には十五階以上の高い建物はないので、無線用の電波は遠くまで飛んでいく。市内に飛び交う電波が少ないので干渉される心配もほとんどない。

WiFiによる情報ネットワークの構築を担当する日本総合情報通信社長の大西が言ったように、「姫路は以前とは違う街に生まれ変わる」可能性が出てきたのだ。

さらにステップ2の「専用アプリを配布し『すまアド』会員を獲得」や、ステップ3の「広告を集め『すまアド』会員向けに配信」についても、すでにプランを練り上げ、実現に向けて動き出している。本書が出版された時点では「すまアド」への会員登録ができるようになっているはずだ。

大川は言う。

「全国の人にも登録してほしいですね。数は力です。皆さん、一人ひとりがご協力くださることで、そして一人でも多くご登録くださることで、一日でも早くシステムを構築したいのです」

ここからは大川が「0賃貸0仲介システム」の事業プランをどう描いているのか。どうやって「すまアド」会員を獲得しようと考えているのか、また広告をどれだけ集める計画なのか、そして、そのためにはどんな手だてを講じるつもりなのか、具体的な計画を見ていこう。

ステップ2の「専用アプリを配布し『すまアド』会員を獲得」については、すでに触れたように、大川たちが所有する賃貸マンションの居住者が対象とはいえ、居住者に会員登録を強制はできない。専用アプリをインストールするかどうかは居住者の自由意思に委ねられる。

そこで居住者が自発的・積極的に専用アプリをインストールしてくれるような仕掛け、

すなわちいくつものメリットを得られるようなアイデアを打ち出している。

まずは「すまアド」会員限定のクーポンの提供だ。

姫路市内の飲食店や小売店と提携して、近所の飲食店や小売店の割引券、商品引換券を毎日、居住者のスマホに届け、居住者はそれらを「お気に入りのページ」に保存し、随時活用できるようにする。

またクーポンをクリックすると、その店の場所を示した地図や営業時間・定休日、ホームページのＵＲＬなどの情報が表示される仕組みもつくる。

届けるのはクーポンだけではない。姫路市内のニュースや飲食店・小売店などのオープン情報、イベントの開催案内など、日々のお役立ち情報もスマホに送信するという。

専用アプリにはさらにスマートロック機能も盛り込む。これを使えば、部屋の鍵をかけたかどうか外出先からスマホで確認でき、かけ忘れていたらスマホによる遠隔操作で鍵をかけられるようになる。

このように「専用アプリをインストールして『すまアド』の会員になっていただくと、役に立つ情報やお得な情報を日々得られるだけでなく、時には近くのお店の割引クーポンも手に入りますよ」と利点を説明し、会員になってもらうのだ。

●「すまアド」のクーポン提供画面のイメージ

◆お問い合わせ

お問い合わせメニューには、物件掲載の大家さんや、広告主、求人希望の方などからのお問い合わせフォームを設置

◆クーポン

クーポンページは、アプリ限定クーポンと、随時更新されるクーポンを表示

◆物件詳細

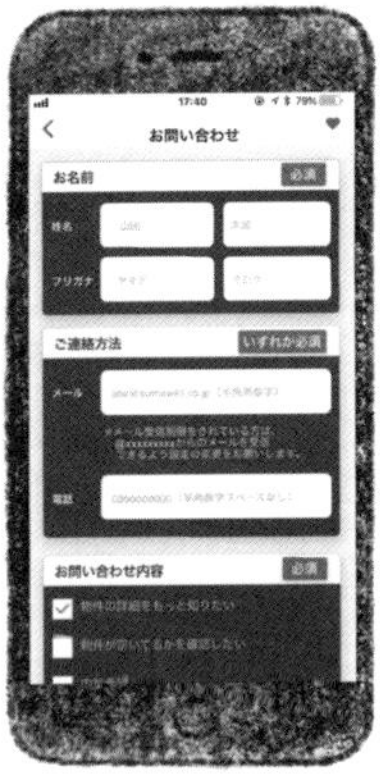

物件詳細画面では、物件情報のほか内覧申込み、お問い合わせがこのページから行える

◆クーポン詳細

クーポン詳細画面では、店舗の営業時間、定休日、住所（地図アプリにリンク）、ホームページのURLを掲載

●「すまアド」各詳細画面

◆店舗詳細画面

店舗詳細画面では、お店の特徴やウリ、クーポン情報、席数、予算など店舗の情報を見ることが可能

◆店舗カテゴリ画面

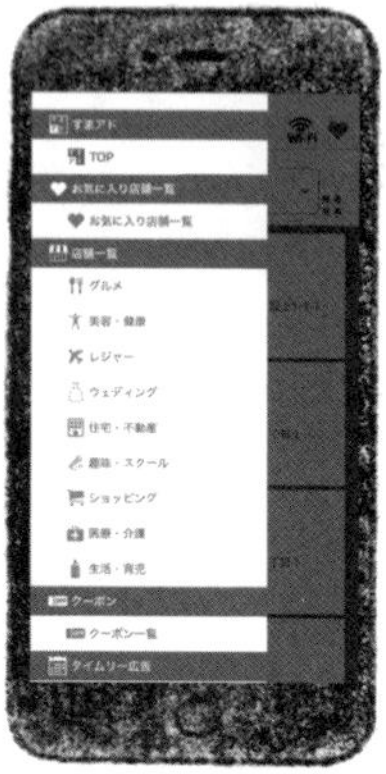

姫路市内の店舗をカテゴリ別に閲覧可能。「グルメ・美容・レジャー・ウェディング・住宅／不動産・趣味／スクール・ショッピング・医療／介護・生活／育児」のカテゴリ別に店舗情報を見ることが可能

さらにステップ３の「広告を集め『すまアド』会員向けに配信」については、「月間の広告料収入一億五千万円の獲得」を第一の目標に置いている。月間の広告料収入一億五千万円が事業の採算分岐点だからだ。

大川は言う。

「第一段階の目標は東京オリンピック・パラリンピックが開催される二〇二〇年です。二〇二〇年一月までに月間の広告料収入一億五千万円の獲得を目指します。月々それだけの広告料が入ってくれれば、私どもが所有する賃貸物件の二千五百世帯全員を家賃ゼロ、仲介手数料ゼロにできる計算です」

●「すまアド」広告ページ

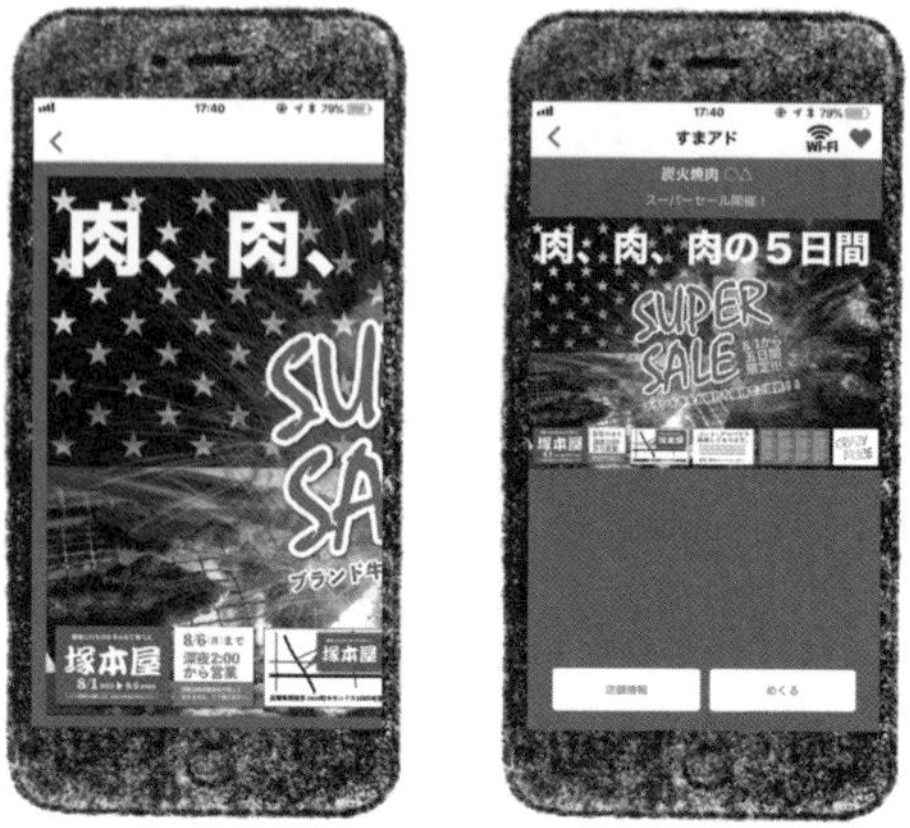

広告掲載画面では、エリアを絞って広告の検索が可能。エリア別以外では新着順に掲載。また、広告エリアをタップすると、広告の拡大縮小が可能

月間広告料収入一億五千万円の獲得に向けた大川のシナリオはこうだ。

まずすでに触れたように家庭にとって身近なポスティング広告からの転換を狙う。

各家庭のポストには日々、多種多様な企業や商店からのポスティング広告が投函されている。

スーパーマーケットやコンビニエンスストア、ドラッグストアなどの小売店が新聞に挟み込むチラシ、引っ越し業者や清掃会社、水道・ガスの修理業者など家庭向けサービスを提供する業者のダイレクトメール、近所の学習塾や飲食店などがポストに直接投げ込むチラシなど枚挙に暇がない。

さらに街を歩けばマンションや携帯電話会社の広告が掲載されたティッシュやうちわを手渡され、バスやタクシーを使えば車内には数多くの広告が掲示されている。

大川はこれら家庭・個人向けの広告を取りにいこうと考えている。

「例えばスーパーで魚や肉などの生鮮品が売れ残ってしまったとします。閉店まであと数時間しかない。こんな時にはお店としてはこれらをセール品にして処分したいところですが、投げ込みのチラシをつくっていたのでは間に合いませんよね。Ｗ·ｉ·Ｆ·ｉを使った我々のスマホ広告ならすぐに対応できます。スマホ広告はいつでも機敏に対応できますから、緊急広告を出したい企業のニーズは高いと思いますよ」

印刷媒体による告知では、広告主のニーズに即時・随時対応するのは困難だ。しかしネットならリアルタイムの告知が可能になる。その強みを最大限発揮して、多種多様な企業や商店からの広告を取り込んでいこうと考えているのだ。

「それだけじゃありません。我々は専用アプリをインストールしてくれた会員、すなわち居住者の年齢や居住エリアなどの属性を把握していますから、広告を打つターゲットを特定の年齢層や地域に絞り込むことができます。ドラッグストアが近隣に住む三、四十代の女性に化粧品のバーゲンを告知する——そんな特定の人たちを狙った広告をピンポイントで打てるんです」

「メリットはまだあります。ネット広告は、打った広告に対してどれだけの反応《レスポンス》を得られたのかもすぐにわかりますから、広告主としては非常に使い勝手がいいですよね。投げ込みチラシや投げ込みティッシュ、無料の冊子などのポスティング広告はすぐに我々の『すまアド』、スマホを使ったネット広告に取って代わられるはずですよ」

アンジェロ・グループはもともと居住者である会員の属性——年齢や住所、家族構成などを把握している。さらに「すまアド」会員になってくれたら、日々どんな広告をクリックし、どんなニュースをよく読んでいるかも把握できるようになる。

そうした会員の属性や行動履歴をうまく使えば、広告主は不特定多数ではなく特定多数に向けて効果的・効率的な広告を打てる。しかもネットはもともと双方向で情報をやりとりできるので、広告への会員の反応も即座にわかる。

これらの強みを最大限発揮することで広告集稿を増やしていこうと考えているのだ。

さらに人材の募集広告の取り込みも視野に入れている。

「ある飲食店に急に大人数の予約が入り、ホールスタッフを急に入れなければならなくなったけれど、バイトの都合がどうしてもつかない。そんな時、『すまアド』なら臨時のバイト募集をかけられます。その一方で働く側からすれば今晩の予定が流れてしまってすることがない人もきっといるでしょう？　スマホでバイトの緊急募集があるかどうかを調べられるようになれば、働く側にとってもメリットがあるじゃないですか。それはまた専用アプリをインストールして会員になる利点にもつながりますから、会員増と広告出稿増の相乗効果を生んでくれるんじゃないかと思いますね」

これもまたネットの特徴であるリアルタイム性を生かした発想だと言えるだろう。

●「すまアド」タイムリー求人ページ

タイムリー求人広告掲載画面では、エリアを絞って求人広告の検索が可能。エリア別以外では新着順に掲載。また、求人タイトルをタップすると、求人の詳細が確認可能

とはいえ送られてくる情報が広告だけでは、専用アプリをインストールしながらページを開かない人も出てきてしまうだろう。

そこで開封率を上げ、広告への接触率を高める工夫も「すまアド」に盛り込もうと考えている。

その一つはニュース情報の提供だ。

新聞や情報誌と提携し、毎朝、その日のニュースの見出しと短いリード文を会員に送付する。閲覧はもちろん無料で、新聞を購読していない人や購読しているが時間がなくて読めなかった人などに、世の中で何が起きているのかを短い時間で把握してもらうサービスだ。

無料なので新聞社などへの売り上げの還付はないが、新聞社などにとってはこれをきっかけに新規購読者を開拓できるメリットがあるだろう。スマホでニュースに関心を持った人がコンビニや駅売りの新聞、情報誌を買えば一部売りの販売増にもつなげられるかもしれない。

さらに近所の居酒屋が今、混んでいるかどうか、レストランのテーブルが空いているかどうかなど、身近で有用な情報をリアルタイムで提供する。

月間広告料収入一億五千万円の獲得に向けた三つ目の手段はクーポンの提供だ。

近所の飲食店や小売店の割引券、料理や商品の無料引換券などを毎日のように「すまアド」で提供し、「アプリを開くと得をする」という意識を会員に植え付けていく。

加えて将来的に「すまアド」に送られてくる広告を読むたびに会員ポイントが一ポイントずつ貯まっていく仕組みも導入する。

会員ポイントは大川が経営するスーパー銭湯やケーキ店、提携した店舗での買い物にも利用できるようにする。

リアルタイムでデータをやりとりできる利点を活用して、居住者にお得で便利な情報を随時提供し、広告への接触率を上げ、広告を出稿する企業のメリットを高めることで得られる広告収入を増やしていく——。

このような三者共存によって「0賃貸0仲介システム」を成り立たせようと考えているのだ。

構想はそれだけにとどまらない。

●「家賃ゼロ」に向けた3つのフェーズ

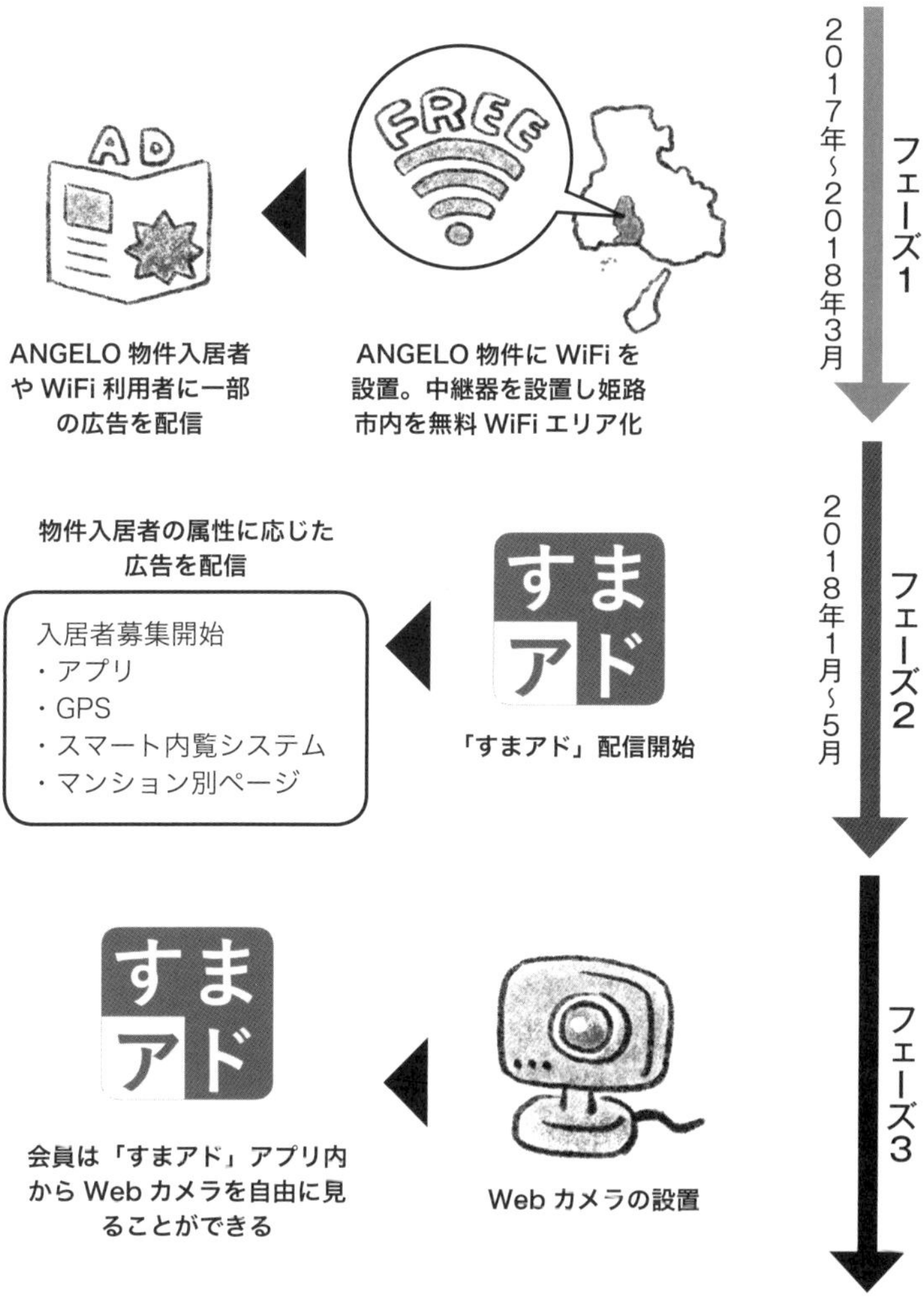
フェーズ1
2017年~2018年3月
FREE
AD
ANGELO物件にWiFiを設置。中継器を設置し姫路市内を無料WiFiエリア化
ANGELO物件入居者やWiFi利用者に一部の広告を配信
フェーズ2
2018年1月~5月
すまアド
「すまアド」配信開始
物件入居者の属性に応じた広告を配信
入居者募集開始
・アプリ
・GPS
・スマート内覧システム
・マンション別ページ
フェーズ3
Webカメラの設置
すまアド
会員は「すまアド」アプリ内からWebカメラを自由に見ることができる

●「すまアド」のサービスで可能になること

WiFi の無料利用やニュース、
姫路市内の求人情報、店舗情報、クーポン情報、
ANGELO 物件の情報を見ることが可能に。
また、将来的には姫路市内の見守りカメラを
チェックできるようにする。

●ネットの特性を生かした情報提供の一部

朝刊／夕刊広告

毎日指定したエリアの広告がスマホに届く。

毎日、朝・夕決まった時間にスマホにお知らせ！

ニュースを開くと、今日の新聞の見出しを表示。こちらから新聞の購読申込みサイトに連携可能。「広告を見る」を押すと本日の広告一覧へ

ＰＤＦで掲載した広告は拡大／縮小可能

タイムリー広告

朝刊／夕刊とは別に各お店からリアルタイムで随時情報が届く。

例えばスーパーマーケットの閉店前に売れ残りが多かった際に……

プッシュ通知を登録

リアルタイムのお値打ち情報をみたアプリユーザーが来店

●「すまアド」アプリに登録しよう！

「すまアド」アプリとは、
WiFi を無料で利用できる広告・求人・不動産のポータルアプリ

姫路市内に張り巡らせた WiFi をアプリ DL ユーザーは無料で利用することが可能。
さらにアプリユーザーも「ANGELO 入居者」「すまアド会員」「ライト会員」の３タイプに分け、クーポン等で受けられるサービスも様々に……。アプリから ANGELO 所有の物件情報を閲覧することが可能で、アプリ会員限定の割引もあり。

「すまアド」アプリには全国どこからでも登録できるので、是非試してみよう！

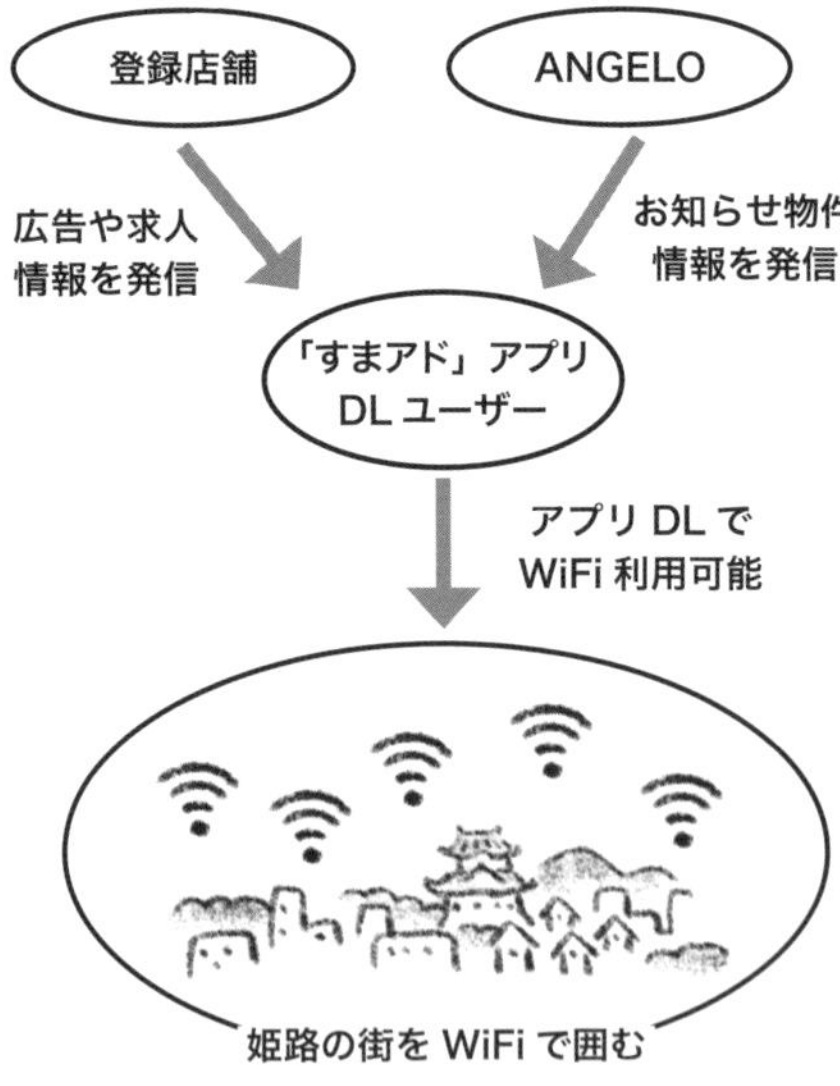

「すまアド」アプリ
登録 QR コード

4

大川は二千五百世帯が住む約百二十キロ平方メートル、姫路市全体の六十六パーセントの人口が住むエリアに一万五千台のウェブカメラも設置する予定だ。ウェブカメラとはネットとつながったビデオカメラで、離れた場所からでもスマホなどを使ってカメラが撮影した映像を見られる。その利点を生かして、防犯カメラとしての利用が広がっている。

大川は言う。

「網の目のように細かいウェブカメラのネットワークがあれば、例えば夜、塾から帰宅する子どもの様子を親がスマホで確認できます。警察や自治体と連携すれば、徘徊して行方がわからなくなっている認知症の高齢者を探したり、エリア内で起きた交通事故の状況を確かめたりもできます」

「メリットはそれだけではありません。『このエリアには一万五千台ものウェブカメラが設置されている』と周知すれば、痴漢や強盗などの犯罪を抑止できますので、効果的な防犯対策にもなりますよね。要は安心・安全な街づくりを進めて居住者のメリットを高め、ひいては姫路市に住みたい人を増やしていきたいんですよ」

言うまでもなくウェブカメラも高速無料Ｗｉ－Ｆｉのネットワークを活用する。Ｗｉ－Ｆｉのインフラが広がっていくのと同時にウェブカメラのネットワークも拡大していく仕組みだ。

アンジェロ・グループの物件に住む二千五百世帯の居住者は、家賃ゼロ、仲介手数料ゼロという経済的なメリットだけでなく安心・安全も得られるというわけだ。

構想はこれで終わりではない。

所有する賃貸物件で「０賃貸０仲介システム」を達成したら、第二段階として賃貸物件を所有するほかの大家や不動産会社にも参加を呼びかけるという。

「すまアド」で情報をやりとりし、ウェブカメラで安心・安全を担保された家賃ゼロ、仲介手数料ゼロの賃貸物件のネットワークを姫路市全域に拡大していく計画だ。

そのプロセスは次の二つのステップから成る。

１、有料で情報ネットワークに参加してもらう

２、アンジェロ・グループが家賃収入を保証、家賃をゼロにする

具体的にはまず、高速無料Ｗ・ｉＦ・ｉのアンテナやウェブカメラ、専用アプリ、スマートキーなど「0賃貸0仲介システム」のシステム一式を賃貸物件のオーナーに購入してもらう。

そして、その見返りとしてオーナーが居住者からもらっていた家賃をアンジェロ・グループが保証する仕組みをつくる。

「『0賃貸0仲介システム』を支えるインフラの構築・維持に応分の負担をしていただければ『0賃貸0仲介システム』に参加できますよ」と呼びかけていくのだ。

具体的には、以下のようなやり方で輪を広げていく。

順番に見ていこう。

1、有料で情報ネットワークに参加してもらう

第1のステップとして「0賃貸0仲介システム」のシステム一式を購入した賃貸物件のオーナーは「すまアド」の新規物件紹介ページに、部屋の間取りや広さ、内観写真、最寄り駅からの距離や経路など、所有する物件の情報を掲載できる。

新規物件紹介ページは会員だけでなくだれでも閲覧できる。

アプリをダウンロードすると、GPS（全地球測位システム）を使った位置情報検索機能によって、新規物件紹介ページに掲載された物件の近くを通った時に、スマホの画面に地図とアイコンが自動的に表示されるようになる。

アイコンをタップすると物件の詳細な情報が画面に立ち上がる仕組みだ。

「すまアド」が用意する機能は物件情報の提供だけではない。

大家と入居希望者を結びつけるマッチング（仲介）も行う。

スマホのユーザーが気に入った物件を見つけたら、すぐにオーナーに連絡して内覧の予約を取れるシステムも盛り込んだ。

後で詳しく触れるが、入居希望者とオーナー

●1、2のステップのイメージ図

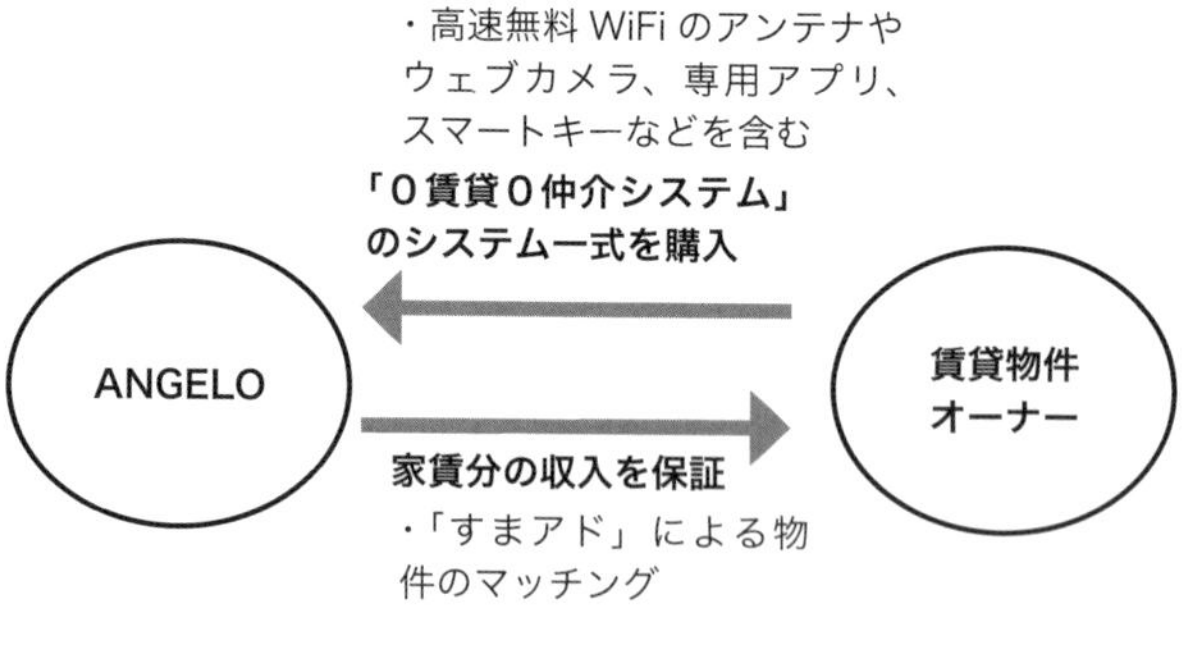

は不動産仲介会社を介さず、情報の発信・収集から内覧に至るまで、すべての段階で「すまアド」を使って直接やりとりできる仕組みを整えるのだ。

2、アンジェロ・グループが家賃収入を保証、家賃をゼロにする

賃貸契約が成約したら、アンジェロ・グループは毎月、家賃分の収入を大家に保証し、「0賃貸0仲介システム」の輪に入ってもらう。

では、その目標は？

「目標は姫路市内の全賃貸物件に住む四万八千世帯です（笑）」

大川はそう冗談めかして言うが、そこには計算もある。

「さっきも言ったように私どもの賃貸物件には市内の全賃貸物件の居住者の五パーセントを占める二千五百世帯以上、約八千人以上が住んでいます。これだけの数の世帯が家賃ゼロ、仲介手数料ゼロになったら、他のアパートや賃貸マンションで暮らす人たちにしてみれば月々五万円、十万円の家賃を払うのがそれこそ馬鹿馬鹿しくなってしまいますよ。『0賃貸0仲介システムの部屋が空いているのならぜひ入居したい』と、うちの物件への転居を希望する人たちが出てくるはずです。そうなったら他の大家や不動産会社の尻に火がつ

いて、『0賃貸0仲介システム』を無視できなくなるのと違いますか？」

大川が言う通り「0賃貸0仲介システム」は不動産賃貸ビジネスの常識を覆す試みにほかならない。

「賃貸物件の居住者は月々の家賃を大家に支払う」という、不動産賃貸ビジネスを成り立たせている基本的なお金の流れを断ち切ってしまうのだ。居住者や大家、不動産仲介会社に衝撃を与えるに違いない。

それだけではない。全賃貸物件居住者の五パーセント弱を占める約二千五百世帯、約八千人が家賃ゼロ仲介手数料ゼロになれば、姫路市内の家賃相場を下押しする圧力がかかるのは間違いない。中にはアパート経営が立ち行かなくなり「0賃貸0仲介システム」に参加しなければ生き残れないオーナーも出てくるかもしれない。

それをきっかけに、「0賃貸0仲介システム」に参加したいオーナーたちが大川のもとを訪ねてくる可能性はあるのではないか。

その結果、何が起きるのか。

家賃を徴収する不動産賃貸ビジネスが揺らぐかもしれない。そうなったら不動産賃貸ビジネスは変わるはずだ。

では、どう変わるのか？

5

「不動産賃貸ビジネスで一番風下に立たされているのはだれだと思いますか？」

「０賃貸０仲介システム」の説明を一通り終えた後、大川が言った。

「入居者ですよ。今の不動産賃貸ビジネスはまったく入居者本位ではないんです。いいように扱われていると言っても過言ではないと思いますね。例えばこれらです。何だと思いますか？」

大川は自ら作った資料のページを開き、こちらに見せた。

「オーナー（所有者）のメリット」と題して、以下の項目が並んでいる。

プロパンガスの紹介手数料
自動販売機の設置料
家財保険、火災保険など保険加入料のキックバック

ウォーターサーバーの設置料
携帯電話のアンテナ設置料
ケーブルテレビの紹介手数料
……

「賃貸物件の大家が賃貸料以外に得られる収入の一部ですよ。例えば賃貸マンションにプロパンガスを導入すると、大家には一室当たり数万円の紹介手数料がプロパンガスの小売業者から入ってきます。百室持っていたら数百万円の収入ですよ。あるいは携帯電話のアンテナを設置させてやると、ＮＴＴドコモやＫＤＤＩから馬鹿にならない設置料が入ってきます」

「もちろん賃貸物件の大家全員がこれらを得ているわけではありません。不動産管理会社がそれらを受け取ってしまうケースも少なくありませんから。とはいえ、このように大家の収入源はいくつもあり、実際、賃貸料収入以外で稼いでいる大家もいます」

「しかし、これらは入居者には基本的に一円も還元されていない。それどころか大家が家賃以外で稼いでいるのを知らされている入居者はほとんどいないのと違いますか？　もちろん、不動産管理会社が入居者に還元するなんてあり得ません」

大川が指摘したポイントは次の３つだ。

1、賃貸物件の大家が得られるのは実は賃貸収入だけではない

2、それらは不動産管理会社が受け取るケースもある

3、大家も不動産管理会社も家賃以外の収入を入居者に還元することはない

こうした現状を踏まえると、「０賃貸０仲介システム」は、入居者が風下に立たされている現在の不動産賃貸ビジネスのあり方に楔《くさび》を打つ試みであることがわかる。

「０賃貸０仲介システム」は、「すまアド」によって得られる広告料収入を入居者に還元し、家賃と相殺してゼロにする仕組みにほかならないからだ。

もっと思い切った言い方をすれば、それは入居者本位のビジネスモデルを目指すシステムだとも言えるだろう。

だとすれば「０賃貸０仲介システム」が広がり、家賃を徴収する不動産賃貸ビジネスが揺らぎ出したら、いや、そこまで行かないまでも賃貸料以外の収入を入居者に還元するのが当たり前になるだけで、不動産賃貸ビジネスはこれまでよりずっと入居者本位のビジネスへと近づいていくのではないか。

さらに「0賃貸0仲介システム」は賃貸物件の大家にもメリットをもたらしてくれるはずだ。

それを説明するために、まずは不動産賃貸ビジネスでの大家の立ち位置を見てみよう。重要なのは不動産仲介会社との関係だ。一言で言えばこちらも非対称な関係にある。物件の所有者より、不動産仲介会社の方が優位に立っているのだ。

大家が入居者を募集する時、不動産仲介会社は大家に対して広告料を請求する。大家にしてみれば家賃収入が入ってくる以前の段階でコストを負担しなければならない。

しかもその金額は家賃二カ月分ならまだいい方で、家賃六カ月分を請求する不動産仲介会社も少なくないという。

さらに、仮にその広告がまったく効果を発揮しなかったとしても大家は全額支払わなければならない。

例えば、入居希望者がたまたま街を歩いている時に賃貸物件を見つけ、大家に直接、入居希望を伝え、条件が折り合って成約に至った場合だ。

このケースでも広告料はきっちり請求・徴収される。不動産仲介会社の紹介であろうがなかろうが、掲載した広告に効果があろうがなかろうが、大家は広告料を支払わなければならない慣行なのだ。

大家と不動産仲介会社との非対称な関係を象徴する事例はまだある。

大川によれば「不動産仲介会社はしばしば、広告料を多く支払ってくれた大家の物件を優先して入居希望者に紹介する」という。

現状の不動産賃貸ビジネスでは、入居希望者つまりエンドユーザーに接する機会は不動産仲介会社の方が物件の大家よりもはるかに多い。この機会と情報の非対称性を利用して、不動産仲介会社は自分たちに有利なルールで不動産賃貸ビジネスというゲームを支配していると言っても過言ではないだろう。

付け加えれば不動産仲介会社は入居契約が成立した時、入居者からも家賃一カ月分の仲介手数料を徴収する。

いくつもの事例を紹介したが、結論を言えば、**大家は不動産仲介会社の風下に置かれているの**が現実だ。

では大家のこの立ち位置は「0賃貸0仲介システム」ではどのように変わるのだろうか。

このシステムには不動産仲介会社は介在しない。賃貸物件の大家は物件の間取りや広さ、内観写真などの情報を「すまアド」のページに掲載し、入居希望者はそれらの情報をスマホで検索する。

気に入った物件があれば、入居希望者はやはりスマホを使って大家から内覧の予約を取り、指定された日時に現地に赴く。内覧の際、不動産仲介会社が立ち合うことはいっさいない。

入居希望者と大家は、情報の発信・収集から内覧に至るまで、すべての段階で「すまアド」を使って直接やりとりするので、不動産仲介会社は必要ないのだ。

唯一、条件が合致して入居希望者と大家が賃貸契約を交わす時のみアンジェロ・グループの社員が立ち合う。

このため大家は家賃二カ月分から六カ月分もの広告費を負担する必要はなくなる。さらに入居者が家賃を払ってくれず、収入を得られなくなってしまうリスクもない。

「0賃貸0仲介システム」では、賃貸物件のオーナーは高速無料WｉFｉのアンテナや専用アプリなどシステム一式を購入すれば、アンジェロ・グループによって毎月、家賃分の

●現状の賃貸物件仲介のしくみ

契約時　入居者からは仲介手数料、物件オーナーからは広告料２～６カ月を仲介会社がもらっている

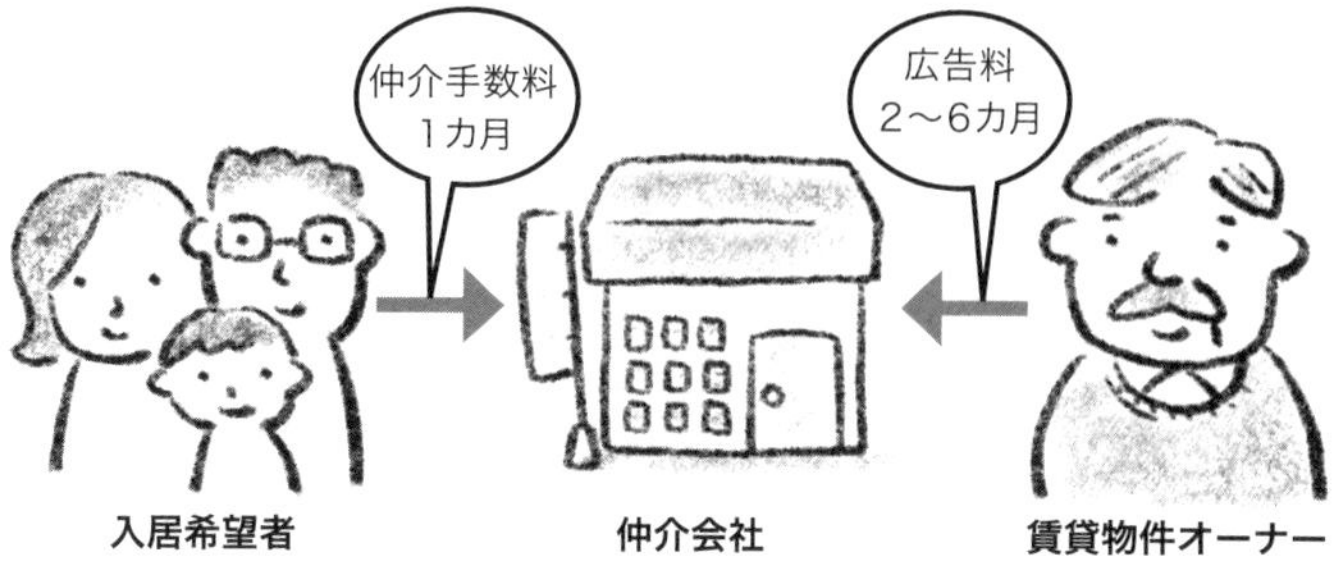

募集時　不動産仲介会社は広告料を多く支払うというオーナーの物件を優先的に紹介するケースもある。また、入居希望者が自分で見つけた物件に対してもオーナーには広告料を請求する

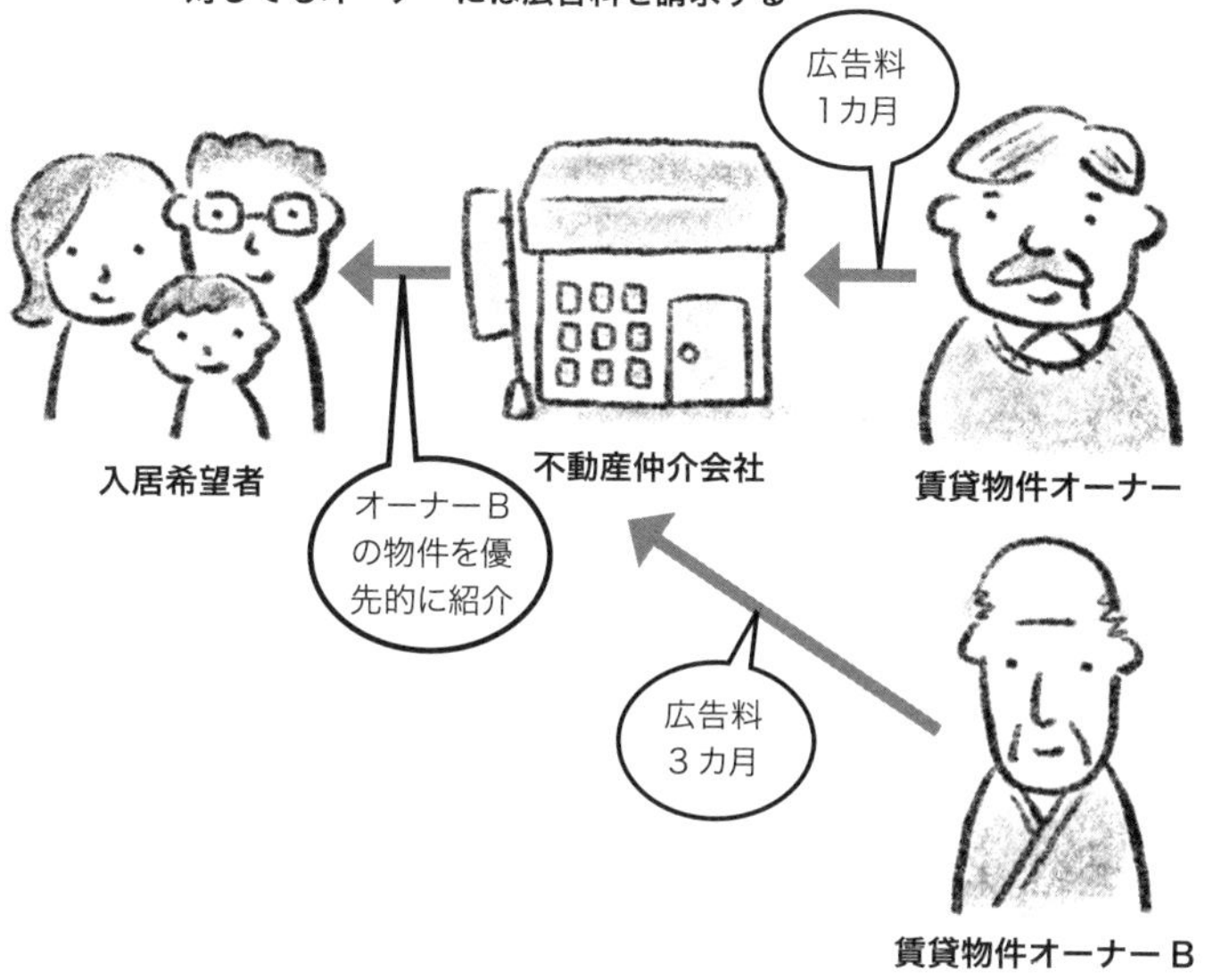

●「すまアド」のしくみ

物件オーナーが直接入居希望者に物件を貸すのには宅建免許は不必要 → 入居希望者が不動産仲介会社に支払う仲介手数料は０円に！

どうせ広告料を支払わないといけないのであれば…… → ６カ月分の広告料を家賃に還元し、賃料を６カ月無料で募集すれば空室が埋まる可能性がかなり増える！

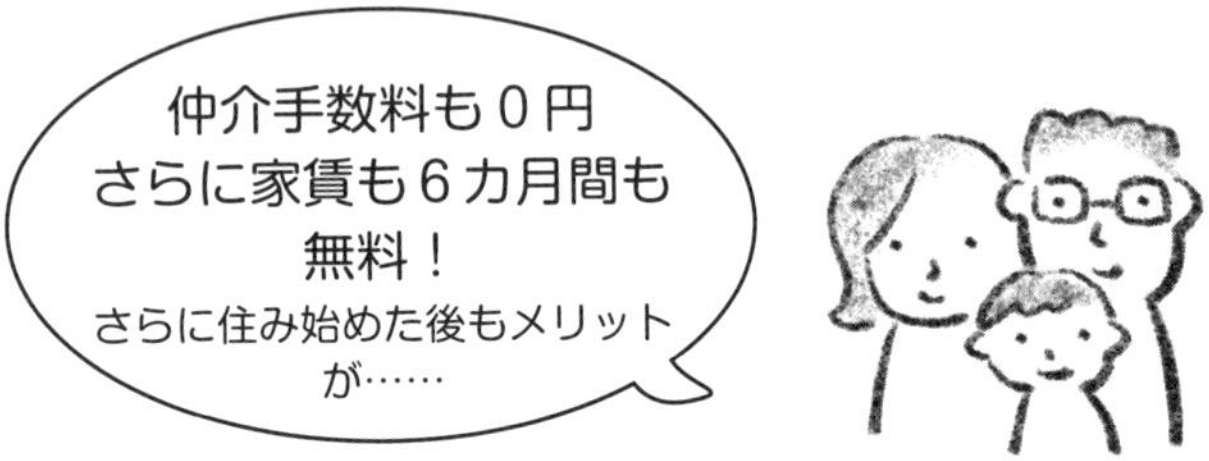
仲介手数料も０円
さらに家賃も６カ月間も
無料！
さらに住み始めた後もメリット
が……

入居希望者

空室対策はもちろん、
入居継続率もアップ！

賃貸物件オーナー

●既存の仲介ビジネスモデル検証

家賃10万円の物件を借りる場合

一般的な不動産仲介会社のしくみ

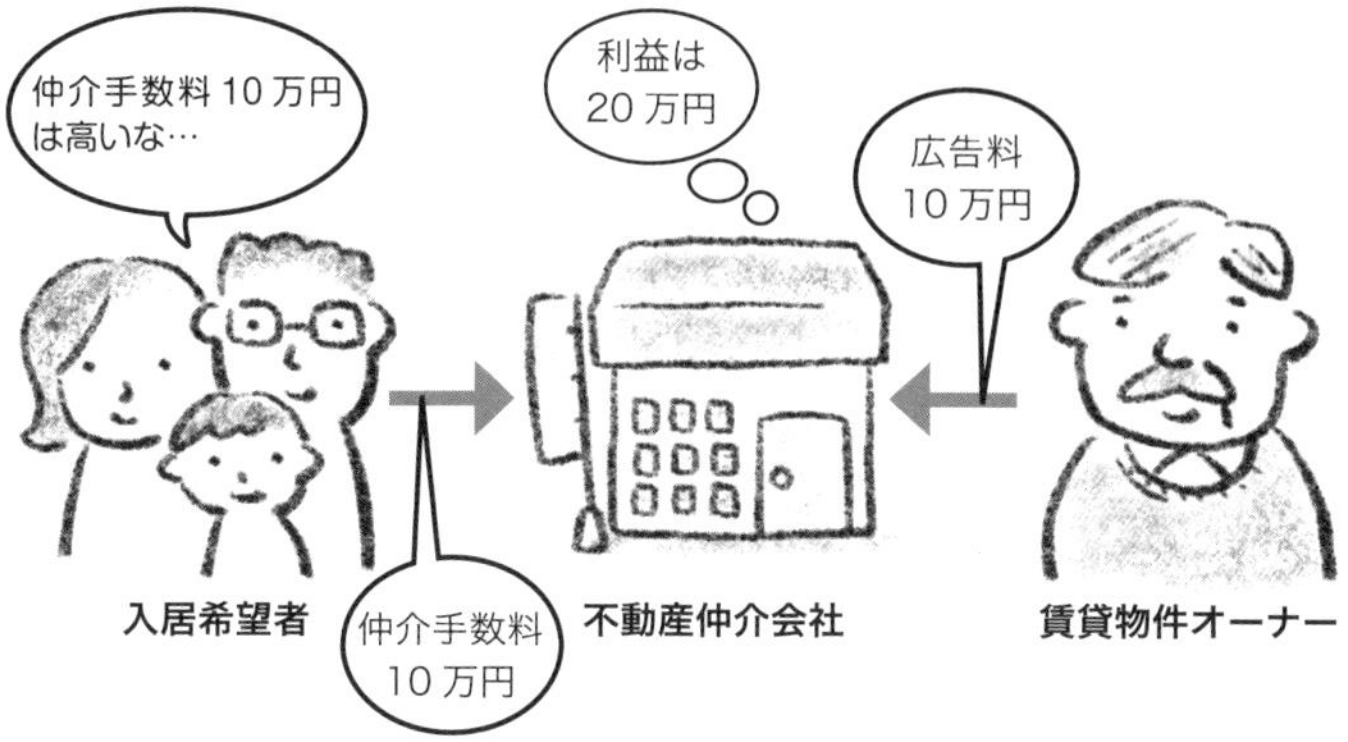

最近の大手不動産仲介会社の傾向

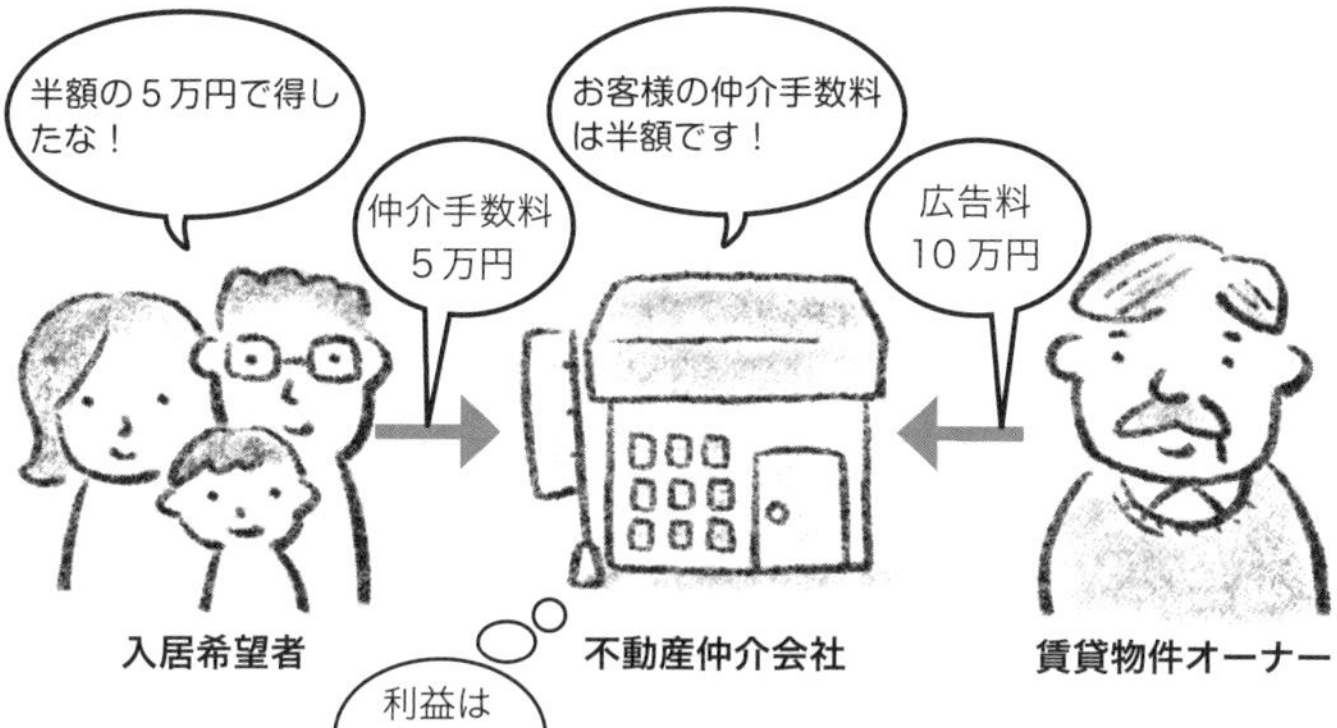

※仲介手数料半額をうたっている業者はオーナーからもらう「広告料」で1カ月分の利益をまかなっている

※店頭では、「仲介料半額」をうたっていても、実際の利益は1.5カ月分にもなる

収入が保証されるからだ。

振り返れば二〇〇〇年代以降、インターネットの仲介機能が各段に高まったことで、流通分野ではこれまで仲介機能を担っていた卸・問屋の存在意義が薄れ、メーカーと小売りが直接取り引きしたり、メーカーが直接消費者に販売したりする、いわゆる中抜きが進んだ。インターネットがビジネスのルールや構造を変えたと言ってもいい。

インターネットを活用する「0賃貸0仲介システム」は、こうした中抜きを不動産賃貸ビジネスの分野にも広げようという試みだとも言えるだろう。

6

それにしても、ここで疑問が湧いてくる。

現状の不動産賃貸ビジネスは、入居者本位にはなっておらず、オーナーもまた不動産仲介会社の風下に立たされている。

不動産賃貸ビジネスにかかわっている人なら、だれもがこの実情を多かれ少なかれ知っているはずだ。

にもかかわらず、この状況を一変させようとする業界関係者が少数派なのはなぜなのだろうか。

不動産賃貸ビジネスが抱えるこの構造は、改革しようという人間にとって実はチャンスでもあるはずだ。

「0賃貸0仲介システム」のような前代未聞の取り組みでなくても、オーナーが家賃以外の収入の一部を入居者に還元して家賃を下げたり、不動産仲介会社が成約した時だけ広告料金を徴収する成功報酬に切り替えたりするだけで、オーナーや不動産仲介会社はライバルとの違い、もっと言えば付加価値を打ち出すことにつながり、長い目で見れば競争力を高められる。

入居者にしてみれば間取りや広さ、駅からの距離などの条件が似たり寄ったりなら家賃は安い方がいいし、オーナーにしても賃貸契約が成約した時のみ広告料金を徴収する成功報酬の不動産仲介会社を選ぶに違いないからだ。

では、逆に言えばなぜ大川は現状の不動産賃貸ビジネスに楔を打つ「0賃貸0仲介システム」のような構想を発案し、実行に向けて動き出せたのだろうか。

大川は言う。

「ええカッコしいみたいに聞こえてしまうと気恥ずかしいですが、私は生まれ育った姫路市を日本一住みやすい街にしたいんです。懸命に働いている人たちの苦労が報われるようなそんな街になってほしいんです。今、日本人の平均年収は四百三十万円だと言われていますよね（筆者注：国税庁の調査では民間企業に勤める会社員の二〇一七年の平均年収は、パートなどの非正規雇用を含めると四百三十二万二千円だった）。家賃がゼロになったら、将来への投資にお金を回したり、美味しいモノを食べたりできるじゃないですか」

「さらに今のままだと姫路市のような地方都市は衰退してしまうという危機感もあります。日本は人口が減り始めていて、二〇六〇年には八千万人台になってしまうという予測があります。私はこのままでは地方の人口減少はさらに激しくなるだろうと見ています。今後、ＡＩやロボットが普及していけば、ＡＩやロボットでは代替できない仕事を求めて東京への人口流出が加速していくはずだからです。家賃をゼロにすれば、そして高速ＷｉＦｉを普及させて通信費をゼロにすれば、きっと住みたい人が姫路市に流入してくれるはずです」

こうした思いには大川の少年時代の境遇が反映されている。

第３章に詳述するが、大川が小学生時代、父親が事業に失敗して億単位の借金をこしらえてしまった。それなりに豊かだった生活は一変し、毎月、母親の給料日になると借金取りが家にやってきて、少ない給料から取り立てていったと言う。

「懸命に働いて得た給金を借金取りにむしり取られていく。そのような境遇に対する親の怒りは子ども心にもよく理解できましたね。そんな親の背中を見て育ってきたからか、真面目に懸命に生きている人たちは絶対に報われるべきやと思うんです」

とはいえ思いだけで改革できるほど不動産賃貸ビジネスは甘くはないし、やわでもない。

大川にはさらにリアリストとしての視線があった。

「**数は力だ**」という業種・業界を超えた普遍的なビジネスの原理原則を見すえていたのだ。

すでに触れたように大川が姫路市内に所有するアパートやマンションなどの賃貸物件に住んでいる人たちは約二千五百世帯、約八千人で、市内の全賃貸物件の居住者の五パーセントを占める。

大川はこの「数の力」を最大限に活用して、他の大家や不動産会社を「０賃貸０仲介システム」に巻き込んでいく戦略を立てた。

まずは所有する二千五百世帯の家賃をゼロにしてから、第二段階として賃貸物件を所有するほかの大家や不動産会社にも参加を呼びかけていく計画だ。

そこには二千五百もの世帯が家賃ゼロ、仲介手数料ゼロになったら、他の大家や不動産会社は「0賃貸0仲介システム」を絶対に無視できなくなるはずだとの計算がある。

逆に言えば「数の力」がなく、例えば仮に家賃ゼロが数十世帯あるいは数百世帯に過ぎなければ、改革はコップの中の嵐に過ぎず、不動産賃貸ビジネスの大勢に影響を与えることはできないだろう。

やはり第3章で詳述するが、「数は力だ」という摂理を大川は不動産賃貸ビジネスを手がける前に就いていた新聞販売の仕事を通して学んだという。

新聞を一部売ってもらえる販売手数料や、広告を一件獲得して得られる広告収入はさほど大きくはない。

しかし、それらが積み重なり、購読数が五千部、一万部と増えていくにつれて、利益の伸びには加速度がついていく。新聞社や広告主に対する発言力も高まっていくので、販売手数料や広告単価も上げられるようになる。

同様に「0賃貸0仲介システム」も姫路市内の全賃貸物件居住者の五パーセントを占める二千五百世帯という数があって初めて影響力を持ち得る。

さらに言えば「数の力」が発揮されるのは他の大家や不動産仲介会社に対してだけではない。

「0賃貸0仲介システム」を成り立たせる広告収入もまた「数の力」があってこそだろう。勤め人や学生、若者や高齢者など様々な属性を持つ二千五百世帯、約八千人の居住者を抱えているからこそ、レストランや居酒屋などの飲食店も、スーパーやドラッグストアなどの小売店も、学習塾や住設関係などのサービス業者も広告を出そうという気になってくれる。

これが数十世帯、数百人の居住者だったら、企業は「すまアド」に広告メディアとしての価値を見出さないだろう。

しかも居住者の年齢や居住エリアなどの属性を細かく把握しているので、広告を打つターゲットを特定の年齢層や地域に絞り込むことができる。いわば「質を伴った数の力」が広告集稿の吸引力として働く。

付け加えれば大川は「すまアド」の会員を入居者以外にも広げていく考えだ。アンジェロ・グループは姫路市内でスーパー銭湯やケーキ店を所有・経営しており、平均来店客数はスーパー銭湯が一日七百人から千人、ケーキ店が一日平均百五十人に達する。

さらに大川が姫路市内に所有するテナントビルにはスナックやラウンジなど約二百店の飲食店が入居し、毎日四千人の客が来店する。

それらの人たちからも会員を募り、広告メディアとしての「数の力」を強化していく計画だ。

ここで少なからぬ読者はこう感じたのではないか。

「これってメディアのビジネスモデルに似ている」と。

雑誌にしてもウェブサイトにしても、広告媒体としての価値の源泉は読者やユニークユーザー数などの「数の力」だ。

読者あるいはユニークユーザーが千人、五千人、一万人と増えていくにつれてスポンサー企業はそのメディアを無視できなくなっていく。

加えて雑誌購読者やユニークユーザーの属性を細かく把握できていれば、つまり「質を伴った数の力」があれば、企業にとって広告媒体としての魅力はさらに増す。

スポンサー企業にしてみれば、自社製品やサービスの広告を打つにふさわしいメディアなのかどうかはっきりわかるし、年齢や職種、年収などある特定の属性に絞り込んでダイレクトメールを打ったり、バナー広告を掲示したりできるからだ。

それもあって近年、雑誌では読者の属性がわかる定期購読のビジネスモデルが、ウェブサイトではユニークユーザーの属性がわかる会員制のビジネスモデルが注目されている。

定期購読してもらう、あるいは会員になってもらう際に彼ら彼女らの年齢や性別、現住所はもちろんのこと、勤務している企業や役職、年収など細かな属性を把握し、それらのリストを活用してスポンサー企業に対して広告営業をかけるのだ。

その点では「０賃貸０仲介システム」も定期購読あるいは会員制メディアと同様のビジネスモデルだと言えるだろう。

居住者から家賃を取らない点は、無料の雑誌あるいはウェブサイトのようなフリーメディアだと言ってもいいかもしれない。

つまり、思い切った言い方をすれば、**大川にとって所有する賃貸物件はメディアなのだ。**

日々のニュースや飲食店・小売店などのオープン情報、イベントの開催案内など、日々のお役立ち情報を配信する器であり、入居者とスポンサー企業を結び付ける媒体でもある。

これはまさに発想の転換ではないだろうか。

既存の大家や不動産仲介会社にとってアパートなどの賃貸物件は、入居者から家賃を得るための手段、もっと言えば箱だ。

不動産賃貸ビジネスを成り立たせているのは、物件の所有者つまり大家が居住者から得る賃貸料収入であり、大家が不動産仲介会社に支払う仲介手数料や不動産管理会社に支払う物件の修繕費も賃貸料収入が原資となっているのだから、これは当然の発想だろう。

しかし大川にとって物件は箱以上の存在だった。

箱以上の存在として機能させれば、家賃は必要なくなる。

所有不動産はメディアである。

大川はそれに気づき、そのことをビジネスに利用しようとした起業家だと言ってもいいのではないか。

次章では「0賃貸0仲介システム」によって姫路市はどう変わるのか、そしてそれがひいては日本全体にどんなメッセージを投げかけることになるのか、大川の構想とそれがもたらす影響をさらに見ていこう。

第2章

「オレオレ詐欺が成り立つのは日本だけでしょう? 人が良いんです」

~0賃貸0仲介システムが目指す美しい街~

1

「『0賃貸《ゼロ》0仲介《ゼロ》システム』が動き出したら、いろんな人たちが住みたいと手を挙げてくれると思います。もし希望者が殺到して、こちらで入居者を選ばせてもらえるようなことになったら、私としては『0賃貸0仲介システム』を未来へとつながるチャンスにしてくれるような人に入居してもらいたいと思いますね」

大川は言う。

「『0賃貸0仲介システム』をどんな人たちに利用してもらいたいですか？」という質問への答えだ。

大川はさらにこう続ける。

「例えば母子家庭のお母さんとお子さんです。ご存じかと思いますけれど、母子家庭の中には生活が苦しいどころかぎりぎりの貧しさで困っている人たちがたくさんいます。そんな人たちの家賃をゼロにしてあげたら、そして高速無料Ｗｉ-Ｆｉを普及させて通信費をゼロに近づけられたら、それまで家賃や通信費に支払っていたお金を子どもの教育費に回したり、将来の高校や大学への進学資金として積み立てたりすることもできるようになります」

「親元を離れて姫路市内の大学に通っている大学生にも入居してもらいたいですね。昨今は家賃や生活費、中には授業料を払うためにバイトに明け暮れている学生が少なくないと聞いています。学生たちを家賃の支払いから解放してあげたら、もっと勉強に集中できるようになるでしょう？」

「それだけじゃありません。『姫路市内の大学に入ればバイトばかりせずに済む』そんな評判が広がれば、やがて全国から優秀な学生が姫路市内の大学に集まるようになって、市内の大学のレベルや知名度はもっと上がるはずですよ。学生が増えれば姫路市の街自体にもさらに活気が生まれるんじゃないですか」

前章の後段で「０賃貸０仲介システム」は不動産賃貸ビジネスを入居者本位のビジネスへと変えていく可能性を持っていると指摘した。また賃貸物件の大家にもメリットをもたらすだろうとも付け加えた。

「０賃貸０仲介システム」の影響力は、不動産賃貸ビジネスという一ビジネスだけにはとどまらない。

姫路市を変えていく可能性さえ持っている。

その一つは、これまでチャンスを得られなかった人たちにもチャンスを与えられるコミュニティーへの変貌だ。

大川が優先して入居させてあげたいと言った母子家庭の中には生活に困窮している人たちが少なくない。

「子どもの貧困率」という言葉がある。

国民の平均的な水準（中央値）の半分未満の可処分所得しかない家庭で暮らす、十八歳未満の子どもの割合を指す。

日本人の平均的な可処分所得の水準は一家庭当たり年間二百四十四万円なので、百二十二万円未満の家庭の子どもがそれに該当する。

厚生労働省は三年おきに子どもの貧困率を調査・発表しており、それによれば直近の二〇一七年に発表された二〇一五年調査では十三・九パーセントだった。

この数字は二〇一二年の前回調査よりは二・四ポイント減と改善したものの、アメリカやドイツ、イギリス、イタリアなど経済協力開発機構（ＯＥＣＤ）に加盟する先進諸国三十四カ国の平均である十三・三パーセントより高いままで、依然として七人に一人の子どもが貧困状態に置かれている。

とりわけ深刻なのは母子家庭など大人一人で子どもを育てている一人親世帯だ。

一人親世帯の子どもの貧困率は五十・八パーセントに達し、実に二人に一人の子どもが貧困にさらされている。

この数字は相対的に収入が多い父子家庭も含んでおり、母子家庭に限れば子どもの貧困率はさらに高くなるだろう。

実際、厚生労働省が二〇一七年十二月に発表した「平成二十八（二〇一六）年度全国ひとり親世帯等調査」によれば、一人親世帯の年間収入は父子家庭が四百二十万円だったのに対して、母子家庭はその半分強の二百四十三万円だった。

また母子家庭の約八割が「生活が苦しい」と答え、四割近くが「貯蓄がない」と回答している。

付け加えれば、厳しい生活を強いられる母子家庭が多い原因の一つとして、裁判や調停で養育費の支払い義務を負いながら支払わない父親（元夫）が少なくないという問題も挙げられる。

子どもがいる夫婦の離婚件数は年間十万件を超えているが、厚生労働省の調査によれば、養育費を受け取っている母子家庭は全体の二十四パーセントに過ぎない（二〇一六年の調査）。四分の三の母子家庭は父親（元夫）から養育費を受け取れないでいる。

なぜ裁判所がありながら、多くの元夫たちが自らの責任に頬かぶりしている状況を変えられないのか。現状の制度では、裁判所が元夫の預金口座を差し押さえ強制執行するには、元妻の側が金融機関のみならずその支店名まで特定し、裁判所に伝える必要がある。

このため多くのシングルマザーが「子育ての責任は離婚後の父親にもあるはずなのに、勤務先も支店名もわからず打つ手がない」と泣き寝入りを強いられている。

こうした問題を受けて、法務大臣の諮問機関である法制審議会は二〇一八年八月三十一日、養育費や賠償金などの不払いに歯止めをかけるための民事執行法改正要綱案をまとめた。

裁判所が金融機関などに情報提供を命じる新制度の導入を柱とする案で、例えば不払いを続ける元夫の氏名を裁判所に伝えれば、裁判所が元夫の勤務先や預金口座を自治体や金融機関から聞き出し、元妻側はその情報をもとに裁判所に対して元夫の預金口座の差し押さえを申し立てられるというものだ。

法改正が実現すれば一歩前進だが、実効性を高めるには支払いを拒否し続けている親への罰則も検討するべきではないだろうか。

ちなみにアメリカでは養育費を支払わずに行方をくらましてしまった親を連邦政府や州政府が捜索し、養育費の強制徴収にあたっている。支払いが滞っている親に対しては運転免許の停止や身柄の拘束も行うという。

またイギリスでは政府が不払いの親の給与から養育費を天引きしており、悪質な不払いが続く場合は親を収監する制裁もあるという。

本題に戻ろう。このような母子家庭の生活の困窮に対して国や地方自治体は手をこまねいてきたわけではない。

政府は二〇一三年に「子どもの貧困対策法」を成立させ、これを踏まえて二〇一四年には「子供の貧困対策大綱」を策定した。

以来、生活保護世帯を対象にした無償の学習支援や食べ物の配布など、自治体やＮＰＯ（非営利組織）による支援の輪も少しずつ広がっている。

しかし、これらの支援が目に見えるほどの改善効果を生んでいるとは言い難い。確かに二〇一五年の調査では、先に触れたように子どもの貧困率が前回調査よりも一・四ポイント改善したが、子どもの貧困対策に携わる人たちの中にはこう指摘する声がある。

「子どもの貧困率が改善したのは景気回復と人手不足によって仕事に就く人の割合が高まり、非正規雇用の人たちの賃金が上がったのが主な要因で、貧困対策の結果ではない」。

いずれにしても日本はGDP（国内総生産）の規模が世界第三位の経済大国でありながら、子どもの貧困率は依然として高止まりしており、きちんと三度の食事を食べられなかったり、学校に着ていく洋服にも事欠いたりするような生活を強いられている母子家庭の子どもたちは少なくない。

そして多くが進学を断念せざるを得ない状況から抜け出せないでいるのだ。

そんな母子家庭の家賃を「0賃貸0仲介システム」によって無料にしたらどうなるだろう？

母親が懸命に働いて得た収入の中から月々支払っている家賃がゼロになれば、母子家庭の生活や子どもの将来にはほのかな光が差すに違いない。

仮に月々支払っていた家賃が五万円だったとしたら一年で六十万円、子どもが小学校に入学し、中学校を卒業するまでの九年間で五百四十万円になる。

それらは大川が言うように「子どもの教育費に回したり、将来のために高校や大学への進学資金として積み立てたりすることもできる」金額だ。

「０賃貸０仲介システム」導入に手を挙げる物件オーナーが増えればその分、未来へとつながるチャンスを得られる母子家庭は増えていく。

母子家庭は生活が苦しいだけでなく、家屋の状態や近隣環境が子育て・教育に適さない劣悪な賃貸住宅に住んでいる人たちが少なくない。家賃をぎりぎりまで切り詰めようとすると、住環境などの生活条件がどうしても悪化してしまうからだ。

アンジェロ・グループは姫路市内に二千五百世帯の物件を所有している。子育てに便利で、学習塾がすぐ近くにあるような教育に適した物件ももちろん少なくない。

「０賃貸０仲介システム」は子どもの未来を変える可能性さえ秘めていると言っても決して過言ではないだろう。

２

「０賃貸０仲介システム」によって将来へのチャンスを得られるのは母子家庭だけではな

い。

親元を離れ姫路市内の大学で学ぶ大学生にとっても家賃ゼロがもたらす経済的恩恵は大きい。

大学に進学し、卒業までにかかる費用はもともと高額だったが、近年はさらに右肩上がりを続けている。

文部科学省の学生納付金調査によると、公立大学（国立大学を除く）の年間授業料は平均で五十三万七千八百円（昼間大学）、初年度はこれに入学金の平均金額二十二万九千五百円（地域内の場合）が加わる。初年度は計七十六万七千三百円、四年間では合計二百三十八万七百円になる計算だ。

私立大学はもっと高い。

年間授業料は平均で八十七万七千七百円、しかも公立大学にはない施設整備費（平均金額は十八万五千六百円）を支払わなければならない。

入学金の平均金額二十五万三千四百円を加えると、初年度は計百三十一万六千七百円、四年間では合計四百五十万六千六百円にも達する。公立大学の二倍弱だ（二〇一六年度の調査）。

文科省の同調査を過去にさかのぼって見ていくと、この三十年間で公立大学の年間授業料は二倍強、私立大学の年間授業料は一・八倍弱にまで上昇しているのがわかる。日本はバブル経済崩壊後に物価が持続的に下落する深刻なデフレを経験し、今なお物価上昇率は低いままだが、大学授業料は公立・私立を問わず一貫して右肩上がりを続けてきたのだ。

これだけでもごく一般的な収入の家庭にとっては大きな負担だが、さらに生活費がのしかかる。

全国大学生活協同組合連合会の調査によれば、大学生が支出する一カ月間の平均生活費は自宅から通学する学生が六万六百円、これに対して、実家から離れ一人暮らしをしている学生は十一万七千六百円と倍近い。

卒業までの四年間では自宅から通学する学生が二百九十一万円、一方、実家から離れ一人暮らしをしている学生が五百六十四万円に達する（全国大学生活協同組合連合会「第52回学生生活実態調査の概要報告」より）。

親元を離れて私立大学に通うと、授業料と生活費を合わせた支出は四年間で一千万円を超えるのだ。

その一方で、子どもの授業料や生活費を負担する親の収入はこの二十年間でほぼ一割も減ってしまっている。

国税庁の数字では、民間企業で働く会社員やパート従業員が一年間に受け取った給与の平均額（平均給与総額）つまり年収は、直近の二〇一六年は四百二十二万円と前年に比べて〇・三パーセント増加したものの、ピークだった一九九七年の四百六十七万円と比べると四十五万円も目減りしている。

それもあって親が大学生の子どもに送ることができる月々の仕送り額は減り続けている。東京地区私立大学教職員組合連合（東京私大教連）の調査によれば、二〇一六年度に首都圏を中心とする私立大学に入学した学生のうち、実家から離れ一人暮らしをしている学生が親からもらっている仕送りの月額は平均八万五千七百円となり、十六年連続の減少、一九八六年度の集計開始以来、過去最低を更新した。

この結果、仕送りの月額平均から家賃の月額平均六万二千円を差し引いた金額は二万三千七百円で、一日あたり七百九十円となり、ついに八百円を下回ってしまった。

この金額で食費や交通費、ケータイの通話代やネットなどの通信費をまかなうのはほとんど困難だろう。

この結果、何が起きているのか。

親にすべて出してもらうわけにはいかず、授業料や生活費を捻出するために昼夜掛け持ちでアルバイトをしたり、奨学金を借り、大学卒業後、その返済に汲々《きゅうきゅう》としたりする学生の増加だ。

筆者は都内の私立大学で客員教授を務めており、学生たちと身近に接している。彼ら彼女らの中には授業以外のほとんどの時間をバイトに割き、もらったバイト代を授業料に充てている学生もいる。

それなら奨学金を借りたらどうかと思われた読者もいるだろう。しかし日本の場合、奨学金はほとんどが返済を義務付けられており、大学卒業後、重い借金を背負って社会人人生を始めなければならない不利を強いられる。

近年では奨学金を返せず自己破産するケースも全国で後を絶たない。しかも借りた本人だけでなく親など親族にも自己破産が連鎖している。

国の奨学金制度を担う独立行政法人の日本学生支援機構によれば、二〇一二年度から二〇一六年度までの五年間で、大学などへの進学のために借りた奨学金を返済できず、自己破産を申し立て受理された人は延べ一万五千三百三十八人に上る。

内訳は奨学金を借りた本人が八千百八人、親などの連帯保証人と保証人が合わせて七千二百三十人だ。

人手不足による就業率と賃金の上昇で自己破産の総件数は減っているにもかかわらず、奨学金だけは例外で二〇一六年度の奨学金による自己破産の件数は三千四百五十一人と五年前より十三パーセントも増えているのだ。

原因は繰り返しになるが、大学授業料の上昇だ。

さらに日本学生支援機構が借金の返済を強く促すようになった影響も無視できない。同機構が本人らに返還を促すよう裁判所に申し立てた件数は、この五年間で約四万五千件、二〇一六年度だけでも九千百六件に達し、日本育英会を改組して日本学生支援機構が発足した二〇〇四年度の四十四倍に激増している。

まるでかつてのサラ金の取り立てを彷彿とさせるが、日本学生支援機構にも言い分はある。

同機構は旧日本育英会時代、会計検査院から「延滞額が多すぎる」と指摘されていた。奨学金の原資は税金なので「国費が無駄に使われている」との批判にもさらされた。

同機構はこれを受けて、金融の専門家らによる有識者会議を設置し、金融事業の手法も採り入れて回収を強めたのだ。

「大半の人が返済しているのに、安易に回収を諦めてしまったら不公平になる」との思いも同機構にはあるだろう。

こうした状況を踏まえると「0賃貸0仲介システム」への期待は大きい。

実家から離れ一人暮らしをしている学生の家賃がゼロになれば、一カ月間の生活費をその分減らせる。

仮に家賃が一カ月五万円だとしたら、四年間では二百四十万円に積み上がる。時給千円のバイトに換算すると何と二千四百時間分だ。

いや、一人暮らしを始める際の敷金・礼金、さらには通信費を含めると、それだけでは済まないだろう。四年間で三百万円を超えるかもしれない。時給千円のバイト三千時間分だ。

「0賃貸0仲介システム」はそれだけの時間を勉強に集中できるようにしてくれる。姫路市内の大学に入ればその恩恵にあずかれると知ったら、大川が言うように「やがて全国から優秀な学生が姫路市の大学に集まるようになって、市内の大学のレベルや知名度はもっと上がる」に違いない。

若者が増えれば街は活気づき、魅力を増すだろう。

３

大川はなぜ母子家庭や大学生たちに「０賃貸０仲介システム」を利用してもらいたいと願うのか。

その思いには彼の生い立ちがかかわっている。

次章で詳しく触れるが、大川の小学生時代、父親が事業に失敗して多額の借金をこしらえてしまった。一家は窮乏し、やがて食べ物にも事欠くようになった。

母親は家計を助けるために懸命に働いたが、そうやって得たわずかな給金からも借金取りたちは容赦なく返済金を取り立てていった。地元の中学校を卒業した大川は就職の道を選び、高校には進学しなかった。

「まあ、勉強が好きじゃなかったですからね（笑）。それにお金がないならないなりに、山で捕ってきたカブトムシやクワガタムシを売って稼ぐなど、楽しみを見つけていましたよ。将来についても『まあなんとかなるだろう』『なるようにしかならないだろう』と漠然と思う程度で、深く考えたことはほとんどなかったですね。私が特別だったわけではなくて、子どもというのは多かれ少なかれそういうものだったでしょう？　でも、それが今、変わってきていますよね」

大川が続けて口にしたのは子どもや若者の自殺についてだった。

「子どもや若者の自殺が今、しきりに報じられるじゃないですか。学校でいじめられた。家庭での居場所がなくなってしまった……。中でも私がとくに衝撃を受けたのは『親の姿を見ていると将来に夢や希望を持てなくなってしまった』と命を絶った高校生の話でした。本人はさぞや辛かっただろうし、ご両親も堪らないだろうなと思います。将来のある子どもや若者が将来に絶望するなんて、本来なら絶対にあってはいけないことでしょう？」

「しかし現実には貧乏な家庭の子どもが大学に行くのは難しくなっています。『もしかしたら一生、低賃金で働かざるを得ず、結婚もできないかもしれない』そう将来を悲観してしまう子どもたちも増えていて、自殺に追い込まれる高校生まで出てきました。そういう世の中にしてしまったのは大人のせいですよ。とりわけ悪いのは私ら経営者だと思います。偉そうに聞こえるかも知れませんが、こんなアホの私を見て、生き続けたら得やで、と思ってくれる子どもが一人でも多くなるきっかけに、『0賃貸0仲介システム』がなってくれればと願っているんです」

「０賃貸０仲介システム」を未来へとつながるチャンスにしてくれるような人に利用してもらいたい――その大川の願いは、貧しい家庭の子どもや若者が、かつてと比べて夢や希望を持ちにくくなっている世の中に対して一石を投じたい強い気持ちの表れでもあるのだろう。

実際、子どもや若者を覆う閉塞感は今や抜き差しならない状況にあると言っても過言ではない。

子どもや若者の自殺は、景気回復や人手不足による賃金上昇で中高年世代の自殺がここ数年減っているのとは対照的に、減少に転じる気配はない。

厚生労働省の二〇一八年版「自殺対策白書」によれば十五歳から三十四歳までの若年層の自殺率（人口十万人当たりの自殺者数）は十七・八で、若年層の死因の一位となり、事故による死亡率（六・九）の約二・六倍に上った。

若年層の十七・八という自殺率は、日本、アメリカ、イギリス、ドイツ、フランス、カナダ、イタリアの先進七カ国の中で最も高い。また自殺が若年層の死因の一位となったのも日本だけだ。

ちなみに他の先進国での若年層の自殺率は、アメリカが十三・三、イギリスが六・六、ドイツが七・七となっている。

では何が子どもや若者を自殺に追い込んでしまったのか。

警察庁が公表している「二〇一四年中における自殺の状況」から背景にある深刻な問題が読み取れる。

それによれば二十代の自殺原因の上位には「うつ病」「統合失調症」「仕事疲れ」が入った。この統計からは若者が将来への展望を描けない閉塞状況や、ブラック企業に象徴される過重労働の存在がうかがえる。

繰り返すが日本はＧＤＰ（国内総生産）の規模が世界第三位の経済大国だ。

個人金融資産、すなわち私たち一人ひとりが持っている現金や預貯金、株式や投資信託などの金融資産を全国民分積み上げると、一千八百四十八兆円という途方もない金額に達する。

私たちは戦後、それだけの富を築いてきたのだ（個人金融資産の総額は日本銀行「資金循環統計」による二〇一八年六月末時点の数字）。

しかし、世界第三位の経済規模も莫大な個人金融資産も、持たざる人たちにとっては遠い世界の現実だろう。

富の世代間格差も大きい。個人金融資産の総額一千八百四十八兆円の六割超を六十歳以上が保有する一方で、月々あと数万円の収入を得られないために、進学を諦めざるを得ない子どもたちがいる。

大川の言う通り、確かにこういう世の中にしてしまったのは私たち大人だろう。

私たちは、莫大な個人金融資産の一部を返済不要の奨学金に回したり、若者による新しいビジネスの立ち上げ金となるような制度設計やその実現を怠ってきた。

行政も国、地方自治体を問わず介護や医療など高齢者への対応を優先してきた。その背景には投票率の高い高齢者の支持が選挙の勝敗を左右するシルバー民主主義もあったに違いない。

「０賃貸０仲介システム」は、そうしたこれまでの趨勢《すうせい》に楔を打つ試みだと言えるだろう。しかも「家賃をゼロにする」というかつてない発想で状況を改善しようと動き出したのだ。

4

「『０賃貸０仲介システム』は姫路市の行政も変えられるかもしれないと思っているんで

す」

国や地方自治体のあり方に話が及んだ時、大川は「実は……」と身を乗り出してこんな構想を話し始めた。

「『0賃貸0仲介システム』が広がっていったら、いずれ姫路市内の公営住宅にも導入できないだろうかと考えているんです。姫路市役所に働きかけて公営住宅を我々アンジェロ・グループに売却していただき、『0賃貸0仲介システム』の仕組みを使って『家賃ゼロ』にするんです。その際、もし我々が入居者から家賃を取ったら、姫路市に無償で返却する契約を結べば、姫路市側も信用してくれるでしょうし、納税者である市民も納得してくれると思います。もしこの試みがうまくいったら、姫路市側のメリットは大きいですよ。公営住宅の売却収入が入りますし、売った後は公営住宅の管理・メンテナンス費用も要らなくなります。そして、そのお金を別のところに使ってもらったら、姫路市はもっと住みやすい街になるはずです」

「別のところとは具体的には何ですか?」

「例えば市内で働く介護スタッフの賃上げです。よく知られているように介護の仕事をしている人たちの給料は仕事の内容や責任に比べて低く抑えられていますよね。しかも地域ごとに格差があって、姫路市の水準は東京や大阪のような大都市に比べるとどうしても見劣りしてしまいます。そこで公営住宅の売却収入や、浮いた管理・メンテナンス費用を介護スタッフの給料にプラスになるように使ってもらったらどうかと思うんです。『姫路市に行けば賃金増が期待できる』となれば、より優秀でやる気のある介護スタッフが全国から集まってくれるはずですよ。そうなれば姫路市は高齢者にとっても住みやすい街だという評判が広がり、まだ元気なうちから移住してくれる人が増えるんじゃないですか？　それなりにお金がある高齢者が増えてくれたら、経済にも間違いなくプラスですよね」

「付け加えれば母子家庭の母親が就いている仕事はヘルパーなどの介護スタッフが一番多いんです。市内で働く介護スタッフの給料が上がれば、その分、母子家庭の生活も楽になります」

周知のように、介護スタッフの収入は相対的に低い水準に抑えられてしまっている。

厚生労働省の調査によれば介護士の平均給与は月収が税込み二十二万八千円で、全産業平均と比べておよそ十万円低い。

なぜ他の職種に比べてここまで低いのか。

大きな理由は介護業界特有の給料の仕組み、もっと言えば制約にある。

介護士など介護スタッフの収入は、自治体が四十歳以上の人たちから徴収する介護保険料と、利用者の自己負担分から支払われている。

もう少し詳しく書くと、介護スタッフに給料が支給されるまでのお金の流れは次のようになっている。

①介護福祉施設や介護老人保健施設、訪問介護事業者などの介護事業所は高齢者などの利用者に介護サービスを提供する。

②自治体が、介護事業所が利用者に提供した介護サービスに見合った介護報酬を支給する。

③介護事業所は介護報酬から設備運営費などを差し引き、介護スタッフに給料を支給する。

この中で介護スタッフの給料の抑制要因となっているのは介護報酬だ。介護報酬の金額は国によって決められており、介護事業所が自由にサービス料金を上げたり下げたりして収入を増やしたくてもできない仕組みになっている。

このため介護福祉施設や訪問介護事業者などの介護事業所は、限られた収入の中から介護スタッフに支払う給料をやりくりせざるを得ず、給料を上げたくても上げにくい状況に置かれているのだ。

では介護スタッフは現状の給与水準を甘んじて受け入れるしかないのか。決してそんなことはない。

給料・年収を上げる方法はもちろんある。

その代表は資格の取得だ。

例えば国家資格である介護福祉士（ケアワーカー）の資格を取れば、月額では五万円近く、年収では五十万円以上の収入増を期待できる。介護福祉士は介護についての専門的な技術・知識を持っていると国が認めた資格なので、介護事業所での収入や役職を引き上げるプラス効果は大きい。

とはいえ資格取得には先立つモノが必要だ。

テキスト代はもちろん介護福祉士の資格取得試験を受験するには一定期間の研修を受けなければならず、受講料がかかる。資格取得のための専門予備校が開講している受験対策講座を受講すれば、出費はさらにかさむ。

資格を取れば収入が上がるとはわかっていても、資格取得のために必要なお金を捻り出すのに苦労している介護スタッフは少なくないだろう。

それもあって、財政に比較的余裕がある自治体の中では、介護福祉士などの資格取得のために必要な資金を介護スタッフに支給する動きが出てきている。

東京・世田谷区は二〇一七年度から、三年以上の実務経験がある介護スタッフを対象に、受験資格の要件である研修の受講料や、受験対策講座の受講料などの費用の九割を区が負担する助成制度の導入に踏み切った。

練馬区も同様に二〇一七年度から、介護福祉士の受験に必要な実務者研修の受講料を十万円まで助成する制度を始めた。

一方、江戸川区は区内の介護事業所への就労希望者を増やすため、二〇一六年度から介護福祉士養成施設で学ぶ学生たちを対象にした給付事業を開始した。

これらの動きの背景にあるのは、良質な介護サービスへのニーズの高まりだ。

高齢化の進展に伴い、介護サービスを必要とする要介護・要支援認定者の数は今後さらに増え続ける見通しで、経済産業省によれば要介護・要支援認定者は二〇二五年には八百十五万人と、二〇一五年の六百二十万人から二百万人近く増えると推計されている。

これに伴い、介護スタッフはこのままだと二〇二五年には約三十八万人も不足する見込みで、国や自治体の対策が急務となっている。

そんな将来を見すえて、高齢者が多い世田谷区や練馬区などは財政に余裕があるうちに介護スタッフを支援・助成し、区内の介護事業所に勤務する介護スタッフを質・量ともに充実させようと図っているのだ。

大川が「介護スタッフの収入には地域ごとに格差があり、姫路市の水準は東京や大阪のような大都市に比べるとどうしても見劣りしてしまう」と指摘したのは、まさにこうした実情を踏まえてのことだ。

この結果、今、何が起きつつあるのか？

財政に余裕がある自治体を中心とする優秀な介護スタッフの奪い合いだ。

「あそこに行けば資格取得のための助成金を得られる」

「そのおかげで資格を取得できれば収入増が期待できる」

そんな評判が広がれば、優秀でやる気のある介護スタッフは自然とその自治体に集まるようになるだろう。

逆に財政難で介護スタッフを支援・助成できない自治体は、優秀でやる気のある介護スタッフが去っていってしまう懸念を抱えることになる。

そんな自治体間格差の拡大を念頭に置いた時、「公営住宅の売却収入や浮いた管理・メンテナンス費用を介護スタッフの給料にプラスになるように使ってもらう」という大川の構想は、大きな意味を持ってくるのではないか。

「姫路市に行けば資格取得を後押ししてくれる」

「姫路市に行けば賃金増が期待できる」

となれば、大川の言うように、より優秀でやる気のある介護スタッフが集まってきてくれるようになり、高齢者にとってもさらに住みやすい街へと変貌を遂げられるはずだからだ。

経済的に苦しい母子家庭の子どもや大学生、経済的にはそれなりに安定していても健康面の不安を抱えざるを得ない高齢者——これら三者は経済面、健康面の違いはあれ、いずれも弱者であることに変わりはない。

大川の構想は姫路市を弱者にも希望を与え、住みやすい街に変えていく試みだと言ってもいいだろう。

そして弱者に希望と住みやすさを与える街は、だれにとっても希望と住みやすさを与えてくれる街でもあるはずだ。

5

これまで見てきたような「0賃貸0仲介システム」のプラス面は、逆に言えばそれだけ家賃の負担が家計の重荷になっている表れでもあるだろう。

家賃は食費や服飾費、交遊費などと違い、日々の節約や努力によって減らすことができない生活の基礎コストだ。しかも賃貸住宅に住み続ける限り、月々の支払いはどこまでも続く。

加えて家計の負担感はさらに増している。物価上昇率は全体として低いままだが、肉や野菜、電気・ガスなど身近な食品やエネルギーの値段、すなわち体感物価が上昇しているのだ。

日本銀行が二〇一八年二月から三月にかけて実施した「生活意識に関するアンケート調査」では、物価に対する実感は「かなり上がった」「少し上がった」が七十三・五パーセントに達し、二〇一七年十二月の調査に比べて六ポイント強も上がった。

家賃の負担感ももちろん上がっている。

「0賃貸0仲介システム」はこのだれもが逃れたいと考える支払いから解放してくれる。入居者の生活水準・ライフスタイルのみならず、行政やコミュニティーのあり方を変える潜在力を持っているのはすでに述べた通りだし、いずれマスメディアやソーシャルメディア（SNS）によっても広く知られ、話題になるだろう。

しかし、そのことは逆にリスクを呼び寄せたりはしないだろうか。

例えば入居者だ。

世の中にいるのは日々、真面目に懸命に働き、今日よりも良い明日を得たいと願う人たちばかりではない。

「0賃貸0仲介システム」の存在を聞いて、家賃がゼロならあまり働かないで済むとほくそ笑む働き盛りの人もいるに違いない。

いや、それならまだいい。

家賃がゼロだからと友人や仲間を呼び寄せ、例えば夜な夜な騒いだりして周りの部屋の住人に迷惑をかけてしまう。

家賃ゼロで借りた部屋を知人に転貸して家賃をせしめてしまう。

本来の持ち家がありながら倉庫や納戸代わりに活用してしまう。「０賃貸０仲介システム」がこのような悪質な入居者によって悪用されてしまうリスクはないのだろうか。

「私は日本人というのは基本的に真面目で人が良いと思っています。オレオレ詐欺がここまでまかり通る国って日本だけでしょう？　そうは言っても『０賃貸０仲介システム』の噂を聞いて、良からぬ人が住みたいと言ってくる可能性はゼロではないでしょうね」

「そうしたリスクへの備えはできているつもりです。二十三歳の時に初めて築四十年近いおんぼろの賃貸マンションを買い、不動産ビジネスの世界に入ってからもう二十年以上が経ちました。その間〝石橋を叩いても渡らない〟慎重さで仕事に取り組んできたおかげで、危険を察知したり避けたりするための感度はかなり上がったと思います。『少し調子に乗っているかもしれないな』とか『前のめりになっているかもしれないな』といった具合に自分を客観視するだけではなしに、『この人には入居してもらっても大丈夫やな』という貸し手としてのモノサシというか判断力も身に付きましたね」

「どんな点を重視して判断するんですか？」

その質問に対して大川は、

「社会との接点を持ち、何がしかのコミュニティーに所属しているかどうかは重要ですね」

と教えてくれた。

「一例を挙げると、ファミリーの方が単身者よりもトラブルが少ない傾向があるんです。ファミリーの場合、両親は会社や地域、子どもは学校というように何がしかのコミュニティーに所属していて、そこでの役割や責任を負っていますよね。そうした役割意識や責任感、さらには周囲の目が抑止効果を発揮してくれて、周囲に迷惑をかけるような非常識なことをしでかすリスクの芽を摘んでくれているんですよ」

「もちろん、そうしたファミリーの中でも『この人たちはとりわけ大丈夫』とか『ちょっと心配だな』とかを見分けるモノサシがありますし、単身者も同様です。こういうのはノウハウだと言ってもいいと思いますね」

万が一、リスクを抱え込んでしまった場合はどうするのか。

「以前、アパートに入居していた男から『俺みたいな人間に部屋を貸していることを世間に知られたら困るんじゃないのか？　黙っていてやるから金をよこせ』と要求されたことがありました。要するに自分は反社会的な存在だから、そんな人間に部屋を貸していることを知られたくないだろうと言いたいんです。こういう手合いに対しては常に毅然と対応します。言われるままにお金を払ったらどこまでもつけあがってきますからね。その時も『出るところに出ても私はまったく困りませんよ。どうぞ、どこにでも訴え出てください』とこちらは一歩も譲りませんでした」

「『０賃貸０仲介システム』を悪用したり、周囲に迷惑をかけたりする入居者が出てきたら、毅然と対応するという点ではそうした手合いに対するのと同じでしょうね。注意しても改めてくれなければ、出ていってもらうしかないでしょう。繰り返しになりますが、私はこれまで慎重に一歩一歩、事業を前に進めてきました。今は成功する未来しか見えないんです」

第3章 「学んだのは『数は力だ』ということです」

～大川護郎はいかにして〝姫路のトランプ〟になったか～

1

「小学校から帰ってくると、この玄関の戸に『金返せ！』と大きな字で張り紙されていたことが何度もありましたよ。借金取りの嫌がらせですわ」

大川は感慨深げに古びた二階建ての小さな家屋を見上げた。

風雨にさらされた壁にはところどころにひびが入り、雨戸が閉められた屋内に人の気配はない。

大川が少年時代を過ごした家である。

大川の起業家としての歩みはこの家での過酷な体験から始まっていた。その意味では姫路の不動産王となり、前代未聞の家賃ゼロ・仲介手数料ゼロ構想を立ち上げた大川の原点と言える場所だ。

住所は姫路市飾東町《しきとうちょう》、市の北東に位置する山すその集落で、生家の裏手には広葉樹がこんもり茂った山々が続き、樹々の隙間から中学校の校舎が見える。

近くにはサファリパーク形式の動物園や遊園地からなる娯楽施設、姫路セントラルパークがある。姫路市郊外の自然に恵まれた美しい場所だ。

「私が小学生の時でした。父親が事業に失敗して億単位の借金をこしらえてしまったんです。それでこの家に借金取りが押しかけるようになって、少しでも支払いが遅れると矢の催促ですよ。月々の利息を返したらお金がなくなり、電気やガスの料金を滞納して、止められてしまったこともありました」

大川の父親は飾東町にショッピングモールを建設しようとしたのだという。

「四十年近く前にそんなことを考えたのですから、先見の明があったと言えるのかもしれませんが、いかんせん早すぎたのでしょうね。結局、テナントはほとんど集まらず、父の会社は倒産してしまい、数億円の借金だけが残りました」

父親の事業の失敗を境に一家はどん底に落ち込んでしまう。

それなりに豊かだった生活は文字通り一変する。

「毎月、母親の給料日になると借金取りが家にやってきて、少ない給料から取り立てていきました。どんどん貧乏になっていって、まず食べ物に事欠くようになりましたね。次に着るものがなくなっていきました。家にまったくお金がなくなってしまったので、洋服を売ってお金に替えたんです」

「『これは何とかして稼がないとあかんな』と、子ども心にそんなことばかり考えていましたよ。裏山に入ってカブトムシやクワガタムシを捕ってきて、それを姫路セントラルパークに向かう車の渋滞の列の前に持っていって売ったりしてね。クワガタムシは箱に二匹入れて千円で売っていました。よく売れましたね（笑）。そうやって稼いだお金は自分で使ったり、母に渡したりしていました。母はそのお金を月々の借金の返済に充てていましたね」

そう語る大川は生家から目を離し、笑みを浮かべて裏手にそびえる山を見やった。

「そう言うと、かなり不幸な少年だったみたいに思う人がいるかもしれませんが、私自身はお金儲けが楽しくて仕方がなかったですね。カブトムシやクワガタムシを引き寄せるために樹木に塗る蜜の調合を工夫したり、姫路セントラルパークに向かう車は何時ごろから渋滞するだろうかと売りにいく時間帯を考えたり、そんな工夫が結果に結びつくのが学校の授業なんかよりはるかに面白くて、文字通りのめり込んでいました。ですから勉強は〝ほとんど〟どころか〝まったく〟しませんでしたね」

地元の中学校を卒業した大川は就職の道を選び、高校には進学しなかった。

「勉強をまったくしなかったから、高校に行きたくても行けなかったんです」

そう大川は言うが、家計の事情が許さなかったのもまた事実だろう。
その就職が転機となった。

生家の跡。奥に見える山で大川はカブトムシなどを捕っていた
（撮影　渋谷和宏）

2

入社したのは姫路市内の家庭に新聞を配達する新聞販売会社だった。

読売新聞の系列販売店では日本一の販売部数を誇り、総販売部数の一パーセントを占めていた。

「中学を卒業したばかりの年齢で就ける仕事というと、当時の姫路には二つしかありませんでした。一つは新聞販売店の仕事で、もう一つは運送業者の仕分けの仕事です。二つを比べてみたら新聞販売店の方が少しだけ給料は良かったんですよ。それで新聞販売店に入社したんです。将来性がどうとか、とくに深く考えたわけではないんです」

新聞販売店が業績を上げるには二つの方法がある。

一つは新たに読者を獲得して購読数を増やし、販売収入（販売手数料収入）を増やす方法だ。もう一つは新聞と一緒に宅配する折り込みチラシの数を増やし、広告収入を増やす方法だ。

大川の担当は販売で、新聞を取ってくれている既存の顧客をつなぎ止める一方、新たな顧客を開拓するのが主な仕事だった。

十六歳で働き始めた大川はがむしゃらに仕事に打ち込んだ。

やがて日々の業務に慣れ、新聞販売店での経験を積むに従ってビジネスの才能を発揮し始める。

だれも考え付かなかったような販促のアイデアを次々に思い付き、実行に移していったのだ。

これらがうまくいき、大川が働く新聞販売店は新たに読者を獲得して購読数を増やし、販売収入（販売手数料収入）を増やしていった。

「この仕事を始めてみて、新聞販売店というのは新聞を読んでもらう努力を全然していないんだなと子ども心に思いましたね。皆やるべきことをやらないで、『部数が伸びなくて……』なんてぼやいているんです。逆に言えばこれは自分にとってチャンスなんだと気づいて、いろんな手を尽くしました」

すでに新聞を取ってくれている既存の顧客に対しては、夏休みに開かれるイベントに無料で参加できるツアーを企画したり映画鑑賞会を開催したりして、顧客サービスを充実させた。

「日帰り旅行や映画鑑賞会に参加してくれたお客は行きも帰りもバスで送り迎えしました。弁当はもちろんアルコールも出したりして仲良くなって『これからも購読をよろしくお願いしますね』と念押しするんです。そこまでされたら購読をやめにくくなるでしょう？　それが狙いだったんですよ」

さらに新規の顧客開拓にも様々な工夫を凝らした。

「姫路市内の小学生全員に読売ＫＯＤＯＭＯ新聞を無料で配ったこともありましたね。読売ＫＯＤＯＭＯ新聞というのは、読売新聞社が週に１回、木曜日に発行している小学生向けの新聞です。これは周囲から猛反対されましたが、強引にやり通したんです」

「ただし、ただ読んでもらうだけじゃないんです。新聞を読んだ子どもたちに『読んで覚えたことをお父さんやお母さんに質問してみて』と一言声をかけるんですよ。『お母さん、ＥＵの大統領はだれだか知っている？　と聞いてみて』とか『お父さん、このままだと日本の人口は二〇五〇年には何人になってしまうか知っている？　そう聞いてみて』といった具合にね」

「そんな難しい問題、そこらへんのお父さん、お母さんには答えられませんよ。そうするともう二度と子どもの前で恥をかきたくないので、『これは新聞を取って毎日読まないとあかんな』と思うようになるんです」

「同じように読売ＫＯＤＯＭＯ新聞の記事から、さっき言ったような『ＥＵの大統領の名前は？』みたいな問題をつくってからチラシに印刷し、家庭のポストに投函したり、実際にお宅を訪ねたりするんです。読売ＫＯＤＯＭＯ新聞に載っているようなことさえ知らないのは親として決まりが悪いし、恥ずかしいでしょう？　だったら新聞を取ろうかとなりやすいじゃないですか。もちろん読売ＫＯＤＯＭＯ新聞を子どもに読ませようと考える親もいてくれますしね」

3

販促の仕事から大川が培ったのはアイデアを立案、実行するビジネスの基本だけではなかった。

新聞販売の事業を通して「数の力は大きい」「数こそが力になるんだ」というビジネスの原理原則を学んでいく。

新聞を一部売ってもらえる販売手数料や、広告を一件獲得して得られる広告収入はさほど大きくはない。

しかし購読数が五千部、一万部と増えていくにつれて、利益の伸びには加速度がついていく。新聞社や広告主に対する発言力も高まっていくので、販売手数料や広告単価も上げられるようになる。

数は力の源泉となり、その力が数を増やしていく。

「どんなビジネスも『数は力だ』ということですわ。数が増えていけば相手の態度が変わり、やがて下にも置かない扱いをしてくれるようになりますからね。これはもしかしたら人間の本質なのかもしれませんね」

努力と工夫がもたらした好循環を通じて、後の不動産ビジネスの原点を学んだといっても過言ではないだろう。

才能に満ち、ハングリー精神にあふれた大川が頭角を現すのにはそれほど時間はかからなかった。

十九歳で管理者（店長）として一店舗を任されるようになった。

新聞販売会社は店舗ごとに独立採算制を取っていたのでまさに一国一城の主だ。

ここでも辣腕《らつわん》を発揮し、購読部数や広告収入を伸ばし続ける。

しかし、このまま新聞販売の仕事だけをしていたのでは、いつかは必ず天井に突き当たってしまうと確信するようになった。

「成果を上げた販売店に読売新聞から贈られる賞を三年連続でいただいたんです。局内の部長賞に続いて局長賞が二回……その二回目の局長賞をもらった直後からすべてをやり切った感じにとらわれて、将来への不安が頭をもたげてきたんですよ」

「責任者として新聞販売の事業を見ているうちに、部数にしても広告収入にしても早晩頭打ちになるとわかってきたんです。少子高齢化の流れを考えると新聞の部数が今後大きく伸びる未来は考えられない。それどころか人口減に伴って部数は減り続けるかもしれない。インターネットが普及すればニュースはネットから得られるので新聞を購読しなくてもいいという人も増えていく」

「それだけじゃありません。そもそも私たちの新聞販売会社は対象地域の四十二パーセントの世帯に新聞を届けていましたから、はっきり言ってもう上限に達していました。今後はやるだけやっても部数は現状維持がやっとで、少しでも力を抜けばじわじわ減りかねない状況でした。新聞販売だけでなく、何か別の事業もやらないと将来は厳しいと思うようになりました」

では何をやればいいのか？

自分にやれて、将来性のある事業など、そう簡単に見つけられるものではない。

いっそのこと新聞販売会社を辞めて転職しようかとも考えたが、十九歳で一国一城の主となった身だ。今さら人に使われるのにはやはり抵抗感がある。

何をしたらいいのか？　自分にもやれることはあるだろうか？

4

そんな問いかけを自らにしつつ新聞販売店の経営に携わっていた大川に決定的な転機が訪れた。

二十三歳の時だ。

姫路市内の住宅地の一角にある三階建て、十二室のＲＣ（鉄筋コンクリート）造りのマンションと二百二十坪の土地が売りに出されているのを新聞チラシで知ったのだ。

建物は築四十年近く経っており、周辺の相場である一坪当たり二十五万から三十万円の土地の価格から、建物の解体費用を差し引いた売り値が設定されていた。

「もうボロボロのマンションでした。壁には至るところにひびが入り、窓ガラスは割れ放題で、廃墟みたいな建物です。ただ場所はごつうえところだなと思ったんです。周りにはしゃれた住宅が建ち並んでいるし、近くには幼稚園もある。交通の便も悪くない。それに建物自体、土台も構造もしっかりしている。こいつをうまく修繕してリノベーション（再生）できたら、入居者が集まるんじゃないか、事業として成立するんじゃないか、そんな考えが浮かんだんですよ」

この物件に巡り合ったのは、「何をやればいいのか？」という問いかけに対して少しずつ答えが見えてきた時期でもあった。

「『最も確実に安定した売り上げを得られるビジネスは、日本人一億二千数百万人全員から一円ずつでもお金をいただける事業ではないか』――そう私は考えていました。そして、そのイメージに最も近いのは衣食住にかかわるビジネスだろうとも思っていました。衣食住はだれにとっても絶対に必要ですからね」

「しかも衣食住にかかわるビジネスは未来永劫、ずっと残り続けるはずだとも思っていました。どんな時代になっても、どんなに技術が進歩しても、人間は衣食住なしには生きてはいけませんからね」

「では衣食住のどれを選んだらいいのか。洋服を作ったり売ったりするセンスは自分にはなさそうだ。人さまがお金を払って食べてくれるような料理を作る技術もない。この体を見ていただければわかるように食べるのは大好きですけれどね（笑）。だったら住にかかわる仕事をしたらいいんじゃないか、そんな風に考え始めていたんです」

とはいえ当時の大川はまだ一人の無名の若者に過ぎなかった。二十代前半ながら年収は一千万円近くに達していたので、土地・建物の代金は現金で用意できたものの、リノベーションのための費用は自己資金ではまかなえなかった。

そこでリノベーションの資金を調達するため市内の金融機関を一軒一軒訪ねて融資を依頼したが、なかなか首を縦に振ってはもらえなかった。

中には融資担当者に取り次いでさえくれない銀行もあった。まさに門前払いだ。

「事業計画書を作って『今は廃墟みたいな代物だけれど、どんな人に住んでもらうか、ターゲットを見すえてきちんとリノベーションすれば、必ずお金を生むようになります』そう説明してもなかなか理解してもらえないんですよ。土地の担保価値とか、そういうのにはピンと反応してくれるんですが、事業プランの成否にはあまり関心がないというか、経営者の視点に立って共感してはもらえないんですよ」

「まあ、何のつてもない二十代の若者だったので、相手にしてくれないのは当然だったかもしれませんけれどね」

訪ねた金融機関は三十軒に上った。

一時は諦めかけたが、たまたま訪ねたある信用金庫の支店長と次長が「それ、面白《おもろ》いわ」と大川の事業計画に興味を示してくれた。

「もしあの信金の支店長と次長に会わなければ、不動産の仕事を手がけていなかったかもしれません。今の私はないと思います」

そう大川は述懐する。

大川は信用金庫から借金をして、三階建て、十二室のマンションと二百二十坪の土地を思い切って購入した。

そして一室当たり約三百万円を注《つ》ぎ込んで、大規模なリノベーションを行った。

３ＬＤＫが中心のマンションだったが、夫婦二人や単身者でも使い勝手がいい１ＬＤＫの間取りに変え、若い女性が住みたくなるようなおしゃれな内装を施し、ドアや窓枠のデザインにも凝ったのだ。さらに太陽光発電システムも導入した。

土地・建物の購入費用とリノベーションのための費用の総額は約六千万円、若い大川にとっては大きな投資だが、狙いは見事に的中した。

「スパンとはまりましたね。姫路市内には1LDKのおしゃれな賃貸マンションがほとんどなかったし、立地も良かったのであっという間に満室になりました」

それだけではない。生まれ変わった築四十年の賃貸マンションは今も収益を上げ続けているという。

「賃貸料と太陽光発電による売電収入を合わせると、年間の利益はずっと一千万円近くで回っています。利回りにするとほぼ十二パーセント、それもグロスではなくネット、銀行からの借入金の返済を除いての正味の利回りですよ」

大川によればリノベーションを行った時点で徹底的に修繕したので、まだ二十年ほどは大規模修繕のための大きな追加投資をしないで済み、高い利益率を維持できるはずだという。

大川が最初に購入したマンション（撮影　渋谷和宏）

築四十年近いマンションをリノベーションし、満室へと導いた賃貸ビジネスの成功、そこには大川の経営者としての資質が発揮されている。

その物件・立地がどれだけの価値をもたらしてくれるのか。

潜在的な可能性を見通す目と分析力、居住者のニーズを把握し、リノベーションのプランに落とし込む洞察力。

どこまでのリスクなら取れるのか、自身の経営体力と想定利回りを踏まえて計算し、投資に踏み切る決断力。

それらは今日の成功と新たな挑戦をもたらした原動力だといってもいいだろう。

築四十年近いマンションに出会ったのをきっかけに、大川は不動産物件のリノベーション・賃貸事業に本格的に乗り出すようになった。

続いて購入し、リノベーションを手がけたのは姫路市の繁華街にある物件だった。

鉄筋コンクリート造りの事務所ビルで外階段が付いている。当初は八千万円で売りに出ていたが買い手がつかず、四千万円にまで値下がりしていた。

「それでも場所や建物の状態からするとまだ高すぎる」

そう判断した大川は価格交渉を重ね、二千七百万円で購入し、住居用にして１ＬＤＫ六室を設けた。

外階段が付いているのだから一棟まるごと貸すのではなく、フロアを区切り、１ＬＤＫに分けて貸せると考えたのだ。

こちらも主に単身の会社員たちから支持されてすぐに満室となり、今もテナント、住居ともにすべて埋まっている。

さらに一階に店舗がついた三階建ての住宅を、一階は店舗、二、三階にそれぞれ２ＬＤＫの部屋を設けて貸すなど、一つ、また一つと市内の不動産物件の再生を成功させていった大川は不動産ビジネスに専念することを決断した。

十六歳から四十歳まで二十四年間勤めた新聞販売会社を退社して、不動産会社ＡＮＧＥＬＯ（アンジェロ＝イタリア語で天使の意味）を設立、マンションやテナントビルなどのリノベーションを積極的に手がけていく（新聞販売の事業については大阪府堺市に販売会社を設立、義弟が経営し大川が協力している）。

その際にも物件の選択には大川の資質が発揮された。

「物件を選択・買収する時にはいろんな観点から検討しましたが、他の人がやらないことをやろうと、敢えて売れ残っている物件に注目しましたね。例えば五年も十年も売れてい

れこ
ない物件があると、どうにかしてこいつをリノベーションできる方法はないかなとあれこれ考えてみるんです。売れ残り物件なので交渉によっては値段を下げられる可能性があるし、リノベーションして満室にできたら利益も大きいですからね」

「もちろん売れ残っている物件ですから、何かしら問題を抱えています。建物が傾いてしまっているとか、老朽化で外壁が腐ってしまっているとかね。しかし考えてみれば、どんな物件だって欠点を抱えているわけです。百パーセント完璧な物件なんてどこにもないんですよ。要は再生できるかどうかなんです」

実際、倒壊寸前のアパートを購入したこともあった。部屋の壁にできたひび割れから風が入り込み、外階段を上るとバキバキという音をたてる今にも壊れそうな物件を六百万円という破格の安値で買ったのだ。

大川は重い屋根瓦を軽量のカラーベストに替えたり、外階段を補強したりするなど七百万円をかけて修繕し、賃貸マンションとしてリノベーションした。その物件は現在でも満室が続き、利回りは十パーセントを超えている。

「賃貸物件をリノベーションして次々に蘇らせ、十パーセントを超える利回りを実現している男がいる」

いつからか大川の名前は不動産ビジネスの関係者のみならずテナントビルなどの物件の所有者たちにも知れ渡るようになっていった。

それに伴い、「姫路市内の繁華街にあるビルを買ってもらえないだろうか」「神戸市の郊外に出物の賃貸マンションがあるのだが」といった話が次々に舞い込むようになった。

評判は新たなビジネスを呼び込む。

アンジェロ・グループの投資先は拡大していき、所有物件は姫路市のみならず神戸市や大阪府、福岡市などへと広がっていった。

二〇一八年十二月末現在、アンジェロ・グループが所有する賃貸マンションなどの物件は二百九十六棟、駐車場は二千七百二十一台分、それらを合わせた土地面積は十八万平方メートルを超える。

二百九十六棟に住む居住世帯数は五千八に達し、そのうち大川が生まれ育った兵庫県姫路市では二千五百世帯がアンジェロ・グループの物件に暮らしている。

それらの物件がもたらす賃貸収入などの売り上げは年間約五十億円、累計投資額に対する年間の利益の割合、すなわち銀行からの借入金の返済を除く正味の利回りは九・七二パーセントに達する。

まさに姫路随一の不動産のビッグオーナーに成り上がったのだ。

5

大川はなぜ短期間でここまで事業を拡大することができたのだろうか。

不動産ビジネスは浮き沈みが激しい世界だ。

不動産の転売などで多額の売買益を得て有頂天になっていた経営者が、ちょっとした油断から事故物件をつかんでつまずき、多額の負債を抱えてしまう事例はそれこそ枚挙に暇がない。

そんな生き馬の目を抜く不動産ビジネスで今日の地位を築き上げた原動力は、先に挙げたように大川の洞察力と決断力だろう。

加えて不動産ビジネスに潜む「落とし穴」を見通していた。

大川の不動産事業は長期保有が基本だ。

買い取った物件をリノベーションし、長く所有して賃貸収入を得続ける。安定的な利回りを収益基盤とするインカムゲイン型のビジネスだと言っていい。ちなみにインカムゲインとは不動産や株式、投資信託などの資産を保有することで安定的・継続的に受け取る現金収入を意味する。

不動産ビジネスにはこれとは対照的に安く買った物件を高く売却して利ザヤを稼ぐ短期保有、キャピタルゲイン（売却益）型のやり方もある。

とりわけ昨今は都市部の不動産価格が値上がりしており、利回りよりもキャピタルゲインを狙って不動産を購入する業者が急増しており、土地や株価が高騰した一九八〇年代後半から九〇年代初頭にかけてのバブル景気を彷彿とさせるほど、物件の競り合いが激しくなってきている。

しかし大川はキャピタルゲイン狙いのビジネスには絶対に手を出さないと言う。

「『不動産は今、値上がりしているのに、大川さんはなぜ物件を売らないのですか』と訊ねられることがよくあります。それに対して僕はこう返すんですよ。『所有している物件を今売ってしまったら、一時的に売却益は入るけれど、それ以降はまったく稼げなくなってしまう。今所有している以上の利回りを得られる物件を買える自信はありませんから』と」

さらにこう指摘する。

「不動産ビジネスの世界ではキャピタルゲイン狙いで長く生き残ってこられた会社はないですよ。買った物件が値上がりしたら転売し、そのお金でさらにまた物件を仕込んで値上がりを待つ。そんな商売を繰り返しているうちにいつか必ず外れ札を引いてしまいます。そうならなくても、バブル崩壊が典型ですが、相場が一気に崩れて転売できなくなり、借金を返せなくなって破産に追い込まれてしまいます」

「それに比べればインカムゲイン型は安定していて、ターゲットを見すえてきちんとリノベーションし、メンテナンスを怠らなければ、家賃相場が暴落しない限りは長期に利益を得られます」

さらに大川はインカムゲイン型の不動産ビジネスを通して、この事業に潜む新たな可能性と業界内に巣食う見過ごせない問題点に気づく。これが後の「家賃ゼロ」の構想につながっていく。

「賃貸マンションやテナントビルの経営から得られる収入って、普通は家賃だけだと思うでしょう？　私もこの仕事を始める前はそう思っていたんですが、実は違うんですよ。家賃以外にも収入源がいくつもあるんです。何だと思いますか？」

大川はそう言っていたずら小僧のように笑い、続けた。

「まずは紹介手数料ですね。賃貸マンションにプロパンガスを導入すると、大家には一室当たり数万円の紹介手数料がプロパンガスの小売業者から入ってくるんです。百室持っていたら数百万円の収入ですよ」

「それから携帯電話のアンテナも大きいですね。アンテナを設置させてあげると、ＮＴＴドコモやＫＤＤＩから設置料が入ってくるんです。自動販売機も一緒で、一台設置するごとに設置料が入ってきます」

「これらは大家の収入源として馬鹿にならないし、プロパンや自動販売機は入居者にも利点がありますよね。プロパンを入れればガスの使用料金を抑えられるし、敷地内に自動販売機があれば便利ですから」

家賃以外にもいくつもの収入源がある――。

この事実を知った大川はやがて不動産賃貸ビジネスに潜む問題に気づく。

それは不動産賃貸ビジネスが、入居者本位になっていないだけではなく、大家が必ずしも潤うわけでもない点だ。

本来なら家賃以外の収入源は、大家にとって家賃を下げる原資になり得る。

プロパンガスの紹介手数料収入や自動販売機の設置料収入の中から毎月一万円でも二万

円でも利益を入居者に還元すれば、当初十万円で設定した家賃を一、二割引き下げられる。

しかし現実にはそうはなっていない。

それどころか家賃以外の収入は大家には一円も入ってこないことが少なくないのだ。

「プロパンガスの紹介手数料にしても自動販売機の設置料にしても、大家から賃貸マンションや賃貸アパートなどの物件を預かり、入居者の募集や家賃の請求を行う不動産管理会社が持っていってしまうんですよ。しかも不動産管理会社の多くはそれらの収入を大家に知らせてさえいないんです」

「それだけじゃありません。これは実際に聞いた話ですが、ある不動産仲介会社は入居者を賃貸マンションやアパートの大家に紹介するごとに、入居者から手付け金やら契約仲介料やらと称して一人につき五十万円もの収入を得ていました。にもかかわらず、その業者は一円も大家に支払っていません。儲けをまったく還元していないんです」

その一方で大家は『募集時の広告にこれだけかかった』とか『大規模修繕をしなければならない』などと、追加の出費をしばしば不動産仲介会社から要求される。

しかも大家が支払った広告費や修繕費、設備の更新・新規導入費用が適正な対価だったのかどうかわからない場合も少なくない。

大家に請求される追加経費の内訳がまったく開示されない事例さえあるからだ。

とりわけ不動産仲介・管理会社が大家から賃貸マンションやアパートを借り上げて、入居者の募集や家賃の集金を行い、大家に対して一定の期間、定額あるいは定率の家賃を保証するサブリース（転貸の意味）契約では、そのような不透明な経費請求が横行しているという。

「例えば入居者が出ていった後、大家に対して『原状回復のためにリフォームするので、これだけ必要だ』と実際の修繕費をはるかに上回る金額を要求するといったように、大家をいいように利用しているところが少なくありません。これは私の印象ですが、サブリースを行う不動産管理会社には、大家に対して上から目線の会社が多いように思いますね。『借り上げてやっている』という姿勢なんですよ」

賃貸マンションやアパートの大家の中には、サラリーマンとして働き、貯めてきた貴重な資金を物件に投資している人たちが少なくない。

そんな大家たちは不動産賃貸ビジネスのプロではない。

その弱点を見透かされ、利用され、場合によっては食い物にされているのだ。

これでは大家たちは到底、家賃を下げられない。結果、入居者が支払う家賃は高止まりせざるを得ない。

ただ、こういう構造になってしまっている一因は、大家たちにもあると大川は指摘する。

「大家が不動産管理会社の風下に立たされているのは、単独で交渉させられるからです。大家同士でまとまれば不動産管理会社に対する発言力は増すはずじゃないですか」

「ところが大家同士はまとまらないんですよ。私はこれまで大家の発言力を高めようといろんな会を組織してきましたが、彼らは決定的な局面では裏切るんですよ。今では『大家をまとめようとしても無理だな』『これは一人でやらないと仕方《しょう》がないな』と悟りました」

こうした不動産業界の構造に対して、大川はあくまで入居者第一を貫こうとした。

具体的にはプロパンガスの小売業者や自動販売機の設置業者らと直接交渉して、紹介手数料や設置料が直接入ってくるようにした。

さらに修繕やリフォームについても直接、建設会社や内装業者と交渉して見積もりを出してもらい、工事を発注するようにした。

交渉する際には、多くの物件を所有する数の力が有利に働いた。

建設会社や内装業者にとってはアンジェロ・グループからの仕事を請け負うことはチャンスにほかならない。

今後とも継続して仕事を発注してもらえるようになれば、安定的な売り上げを確保できるからだ。

このため建設会社も内装業者もこちらの言い値に応えようと努力する。

その結果、修繕やリフォームにかける費用を削減でき、ひいては家賃を抑えられる。そして、それがまた評判を呼び、新たな居住者を獲得する好循環につながっていったのだ。

家賃ゼロの構想はこうした好循環の中で生まれたのだった。


「さあ、そろそろ行きましょうか。もう一つ、ぜひ見てもらいたいところがあるんですよ」

大川は駐車場へと歩き出した。

「そこはうちの会社が前の大家から頼まれて買い取ったケーキ屋さんで、実は父が店長を務めているんですよ」

父親はその後、背負った数億円の借金をすべて返済したという。

「それこそ爪に火を点《とも》すような生活をしながら、父は借金をすべて自力で返済しました。偉いと思いますわ。でも今では私、父にこう言ったりもします。『借金を全額返済したのは偉いと思うけれど、数億円なんて考えてみたらほんまに小さな金額やな』なんてね（笑）」

第4章

「今の不動産賃貸ビジネスはどう考えてもおかしいですよ」

～0賃貸0仲介システムがあぶりだす不動産賃貸ビジネスの歪み～

1

第1章で「0賃貸0仲介システム」は、入居者が風下に立たされている今の不動産賃貸ビジネスのあり方に楔《くさび》を打つ試みだと書いた。

賃貸物件のオーナーにはプロパンガスの紹介手数料や自動販売機の設置料、携帯電話のアンテナ設置料、火災保険など保険加入料のキックバックなど、賃貸料以外の収入を得られる可能性がある。

しかし、これらは入居者には基本的に一円も還元されていない。

それどころか大川によれば「大家が家賃以外で稼いでいるのを知らされている入居者はほとんどいない」。

これに対して「0賃貸0仲介システム」は、「すまアド」によって得られる広告料収入、つまり賃貸料以外の収入を入居者に還元し、家賃と相殺してゼロにする仕組みだ。入居者本位のビジネスモデルを目指すシステムだとも言えるだろう――そう指摘した。

そして、さらにこうも書いた。

「0賃貸0仲介システム」には不動産仲介会社は介在しない。

賃貸物件のオーナーは物件の間取りや広さ、内観写真などの情報を「すまアド」のページに掲載する。入居希望者はそれらの情報をスマホで検索し、気に入った物件があれば、スマホを使ってオーナーから内覧の予約を取り、指定された日時に現地に赴く。

二〇〇〇年代以降、インターネットの仲介機能が高まった結果、流通分野ではこれまで仲介機能を担っていた卸・問屋の存在意義が薄れ、メーカーと小売りが直接取り引きしたり、メーカーが直接消費者に販売したりする、いわゆる中抜きが進んだ。

「0賃貸0仲介システム」は、こうした中抜きを不動産賃貸ビジネスの分野にも広げていくのではないか——と。

とはいえ、今の不動産賃貸ビジネスのあり方が一朝一夕に変わるわけではもちろんない。

二〇〇〇年代以降、中抜きが進んだ流通業にしても従来のビジネスのルールや慣行、構造はまだ残っている。卸・問屋の数こそ以前より減少したが、それらの存在意義はなくなってはいない。

不動産賃貸ビジネスが変わるのにも流通業と同じように十年単位の時間が必要になるだろう。

ではその間、入居者は相変わらず大家の風下に置かれ、大家は大家で不動産管理会社の風下に立たされ続けるのだろうか。

そこで、この章では不動産賃貸ビジネスの現状を前提に、入居者や大家にとって不利な現在の立ち位置も踏まえつつ、どうすれば入居者は条件のいい部屋に住めるのか、どうすれば大家は安定した収入を得られるのか。失敗しない物件選びや不動産賃貸ビジネスのポイント・ノウハウを紹介したい。

アドバイスしてくれるのはもちろん大川本人だ。

2

まずは入居者からいこう。住んでハッピーになれる物件の選び方のポイントだ。

大川は言う。

「まず言いたいのは、住んでいるのが地方都市だったら家賃交渉を必ずやりましょうということです。今、賃貸マンション・アパートを探している人はもちろん、すでに賃貸マンション・アパートに入居している人でも二年ごとの契約更新時に交渉したらいいと思います」

「なぜかというと、今挙げたような人たちは家賃交渉をしても絶対に損することはないからです。東京を除くと賃貸マンション・アパートは今や供給過剰気味です。投資用のワンルームマンションなどがどんどん建てられましたからね。それもあって、もしかしたら大家は入居者の募集に苦労していて、『入居したいという人がようやくやってきてくれた。このチャンスを逃したくない』と考えているかもしれません」

「もしそう考えていてくれたら、家賃交渉に応じてくれる可能性は十分あります。交渉で五千円下げられたら、年間六万円になります。これは大きいですよ」

「今、賃貸マンション・アパートに入居している人でも一緒です。地方都市で入居者を集めるのに苦労している大家にとって、一番嫌なのは入居者に出ていかれて空き部屋になってしまうことなんです。そうなったら新規募集のための広告費や、部屋を原状回復するためのリフォーム代を支払わなければなりません。しかも新たに入居者を募集する時には家賃を下げざるを得ません。以前の入居者が住んでいる間に物件自体が古くなっていますからね。大家にはこれが堪えるんですよ。月額五千円の値下げでも年間六万円、一万円下げたら、年間十二万円もの収入減になりますからね」

「ですから、そんな大家のウィークポイントを踏まえて『もし家賃を下げてくれないなら、今度の契約更新の時期にここから出ていくことも考えます』と言ってみるのも一つの手ですね」

「ただ、大家とケンカしちゃったら駄目ですよ。あまり強く言いすぎると大家は『そこまで言うなら出ていってくれてもいい』と開き直ってしまいかねないので、時に迷っているそぶりも見せつつ、上手に言ってみようということです」

「ただし再三言っているように東京都内の賃貸マンション・アパートに住んでいる人は例外です。やめた方がいいですね」

その理由は？

「都内は地方都市とは対照的に人口が増えていて、賃貸マンション・アパートに住みたいという人たちの需要が膨らんでいるからです。駅に近い便利なエリアでは需要が供給をはるかに上回る物件も少なくありません。そんな物件で下手に契約更新時に家賃交渉をしたらどうなりますか？　大家はいいチャンスだと思うかもしれない。つまり入居者にとっては逆に家賃を上げられてしまうリスクがあるんです」

さらに物件を選ぶ時には広さが大事なポイントだと言う。

「同じ家賃なら絶対に広い部屋を選ぶべきです。家具や家電、洋服のような身の回りの物は思っている以上に増えていきますから、放っておくと部屋はどんどん手狭になっていくんですよ」

「とりわけファミリーにとっては広さが大切です。部屋の広さや間取りに余裕がないと、子どもが生まれた、二人目が生まれた、子どもが小学校に入る、などという人生の節目で、もっと広い賃貸マンション・アパートに引っ越さなければならなくなってしまいます。引っ越し貧乏という言葉があるように、引っ越してお金がかかりますよね。業者に支払う引っ越し代だけでなく、新規の賃貸契約に伴う敷金や礼金もあります。一回の引っ越しだけで最低でも十万円はかかるでしょう。その分のお金を考えたら、初めから広くて余裕がある部屋を選ぶべきです」

費用対効果を考えたら割安な事故物件もある。前の入居者が部屋で自殺したなど、わけありの物件についてはどう考えたらいいだろうか。

「自殺や殺人などの事件があった事故物件は今言われたようにかなり割安です。周辺の家賃相場に比べて自然死の場合は一割引、自殺は二〜三割引、殺人は三〜五割引ですから、値段の面から言えば〝出物《でもの》〟ですよ。ほとんどの場合、大家は部屋を原状回復するためにきれいにリフォームしますしね」

「ですから『事件物件だからといってとりたてて気にしない』という人であれば、入居するのはまったく問題ないというか、その人にとってはいい選択だと思います。その時、さっき言ったように家賃交渉をしてみるのもありだと思いますね。うまくいけばさらに家賃を下げてもらえるかもしれません」

要は自分次第というわけだ。

「ただし、事故物件についてはぜひ知っておいた方がいいことがあります。自殺や殺人などの事件があった部屋を貸し出す時、大家や不動産仲介会社は事故物件だと告知しなければなりません。それをしないで入居者を募り、賃貸契約を結ぶと、民法の賃貸借契約違反に問われる可能性があります。つまり法律によって事故物件の告知が義務付けられているんです」

「しかし、事故物件だと告知して入居した人が『やはりここは駄目でした』と出ていった場合、次に貸し出す時には告知義務がなくなります。間に一人でも入居者が挟まると、告知しなくてもよくなるんですよ。法律ではっきりと定められているわけではないそうですが、『自殺事故の後の最初の賃借人には自殺事故があったことを告知すべき義務があるが、当該賃借人がごく短期間で退去したといった特段の事情が生じない限り、次の賃借希望者に対しては、自殺事故があったことを告知する義務はない』という判例があるんです」

だとすると、事故物件だとは知らないで借りてしまうことがあるかもしれないということだろうか。

「事故物件だと言わずに貸している大家はいるでしょうね。ですから周辺相場よりも安い物件の場合は、なぜそんなに安いのか聞いてみた方がいい。聞かれたら大家や不動産仲介会社には答えなければならない義務が生じますから」

「それで事故物件だとわかったら、その時にどうするか改めて考えてみたらいいんじゃないですかね。ポイントは事故物件であることが自分にとってストレスになるかならないかですよ。ストレスにならないのなら借りればいいし、ストレスになると思うのならやめた方がいい」

さらに大家と面会したら、不動産賃貸ビジネスにやる気があるかをどうかぜひ確認してほしいと言う。

「大家にやる気があるかどうかはものすごく大事です。人口減少に見舞われている日本の賃貸市場で、どうすれば勝てる大家になれるのか、一生懸命考えている人は、やはりやることが面白いですよ。私は大家の会を主宰していたり、いくつかのオーナー会に入会したりしています。そこで知り合った大家にはいろんな人がいて、例えば入居者の誕生日には誕生会を催している人がいます。入居者にしてみれば、そこまで気遣ってくれているのかと嬉しくなり、長く住み続けたいと思いますよね。実際、評判が評判を呼んで高い入居率を続けています」

「『ガンダムの部屋』とか『北斗の拳の部屋』をこしらえちゃった大家もいますね。部屋中にガンダムや北斗の拳のポスターとかフィギュアが飾ってあるんです（笑）。ガンダム好きや北斗の拳マニアから支持されていて、ずっと満室だそうです。ほかにも地下に核シェルターを作った大家もいますね」

「こういう大家の物件は一事が万事で入居者のことを大切にしてくれます。そこまでユニークな取り組みをしていなくても、やる気がある大家かどうかを判断するポイントとしては、例えばＷｉＦｉ（無線）を無料で使えるとか、洗濯物の乾燥機が置いてあるとか、どこまで入居者を大切に考えているかに目を向けて、チェックしてみたらいいと思います」

では大川が率いるアンジェロ・グループの物件ではどんな工夫や取り組みをしているのだろうか。

「それはもういろいろやっていますし、やろうとしていますよ（笑）。例えばアンジェロ・グループの物件の入居者は、アンジェロ・グループが所有するすべての賃貸マンション・アパートの駐輪場に自分の自転車を自由に停めることができます。自転車で出かけた時、駐輪場を探すのが大変だったりすることって少なくないでしょう？ アンジェロ・グループの物件は姫路や大阪を中心に二百九十六棟あるので、駐輪場としても使えるようにすれば便利だろうと考えたんです」

「ほかにも『ペット可』の物件に住んでいる人はアンジェロ・グループが所有するドッグランの施設を無料で使えるとか、やはり我々が所有するスーパー銭湯を半額で利用できるとか。『ペット可』の物件に住んでいる人にはペット一匹あたり三千円、猫は五千円を追加でいただいているので、それでも納得していただけるようなサービスを心がけているんです」

3

続いては大家あるいは大家になりたい人向けのアドバイスだ。

失敗しない不動産賃貸ビジネスのポイントとは何か。

「最も大切なのは不動産仲介会社の言うことをいちいち疑ってみることです（笑）。ホンマですよ。これ、大事なんです。一流企業に勤めているサラリーマンが、貯金も貯まってきたので投資用の不動産を購入してみるのもいいかもしれないなんて思って、不動産仲介会社に連絡したとします」

「そこで担当者から駅前に建ったばかりの新築のワンルームマンションなどを勧められて、『今なら一部屋につき五万円の家賃を取れるでしょうから、利回りつまり投資した資金に対する年間の賃貸収入の割合は十五パーセントくらい期待できます』などと言われたら、絶対に即決しないで、まずは駅前周辺の家賃相場を中古物件も含めて徹底的に調べてみてください」

不動産仲介会社に聞いてみる？

「いえ、自分で調べるんです。ネットで検索すればすぐにわかりますから。なぜそうするかというと、本当に一部屋につき五万円の家賃を取れるのか確かめるためです。家賃は新築が一番高くて、後はどんどん下がっていきます。姫路市内や大阪府内ですと、新築物件で六万円だった家賃は、十年後には半分の三万円に下がっています。木造の物件だと下落幅はもっと大きいです。ですから周辺相場を調べて、同じような条件で築十年前後のワンルームマンションの家賃相場が三万円だったら、購入を勧められた物件がそうなる可能性は高いということです」

「そうなったら担当者が言った利回り十五パーセントなどとんでもない話で、十パーセントはおろか七、八パーセントと半分になってしまいます。しかも不動産仲介会社は大家に家賃収入が入ってくる前に広告料を請求してきます。その金額は前にも言ったように家賃二～三カ月分ならまだいい方で、家賃六カ月分を請求するとんでもない不動産仲介会社も少なくありません。加えてもしその広告がまったく効果を発揮しなかったとしても、大家は全額支払わなければなりません。これは以前に話しましたよね」

「それだけではありません。不動産仲介会社は入居者が出ていった時、原状回復すると言ってリフォーム代を請求してきます。それらの出費も入れたらネットの利回り、つまり投資した資金に対する純粋な利益はもしかしたらマイナスになってしまうかもしれません。もし金融機関から借金してその不動産を購入していたら返済が困難になり、資金的にはもうアウト、最悪の場合、自己破産です」

では駅前周辺の中古物件の家賃相場を調べてみて、不動産仲介会社が言った家賃よりも低かったら……。

「購入しない方がいいという結論になります。ただ不動産仲介会社とはくれぐれもケンカをしないようにね（笑）。『違うんじゃないか』と思っても、敢えて何も言わず、黙って立ち去ればいいんです」

「不動産賃貸ビジネスは結局、最終的な責任を負うのは大家です。入居者が集まらなかったり、家賃を下げざるを得なくなったりして投資資金を回収できなくなったら、大家が損失を被らなければならない。だから自分自身で納得できるまでとことん調べ抜き、疑問が出てきたらいちいち問い合わせてみなければいけないですね。不動産仲介会社の言いなりになって損してしまっても、不動産仲介会社は一円も補償してくれませんから。逆に言うと、そこまで覚悟できていないなら大家になろうとするのを一度、立ち止まって考え直してみた方がいいと思います」

「利回りについてはもう一つ、考慮しなければならないことがあります。例えば雪の多い地域では冬に除雪代がかかったり、海の近くでは塩害の対策費が必要になったりするなど、地域によってはその地域特有のコストが発生する場合もあります。利回りを見る場合には、それらのコストも差し引いて判断した方がいいですね。いくら見かけの利回りが良くても、実際にはほとんど儲からないケースもありますから」

ではワンルームマンション自体は投資対象として悪くはないのだろうか。

「いろんな意見があるでしょうが、私は反対です。ワンルームマンションは不動産仲介会社が儲けるための物件だといっても過言ではありません。というのも、ワンルームマンションは入居者一人当たりの入居期間が短いんですよ。アンジェロ・グループのワンルームマンションの平均入居期間はたった一年四カ月です。入居者は平均で一年四カ月経つと出ていってしまうんです。日本人の平均年収がさらに減ってしまうようだと、ワンルームの入居期間はもっと短くなってしまうでしょう」

「これに対してアンジェロ・グループが所有する七十平方メートル以上のファミリー向け物件は、平均入居期間が八年です。ワンルームマンションはその五分の一以下に過ぎないんです」

「つまりワンルームマンションはそれだけお金がかかるということです。入居者が出ていってしまえば、新規募集のための広告費や原状回復のためのリフォーム代がかかります。単純に言えばワンルームマンションでは、七十平方メートル以上のファミリー向け物件に比べて、五倍のペースでそれらの経費が発生する計算になります。しかも地方都市では入居者が出ていくたびに家賃を下げざるを得ないので、築十年で家賃が新築時点の半分どころか、もっと下がってしまうリスクもあります」

「実際、知り合いの大家の中には『ワンルームマンションは頻繁に入退去が発生するので出費がかさみ、苦しくなって手放した』という人が何人もいます。ちなみにアンジェロ・グループが所有する賃貸マンションの中で最も多いのは七十〜八十平方メートルの広さで、平均の面積は五十四・二平方メートルです」

最近ではワンルームマンションに加えてシェアハウスや民泊向けの物件も投資対象として人気が出てきているが……。

「私は絶対にやめた方がいいと思いますね。豊かになった日本人にはそもそもシェアハウスは馴染まないと思います。シェアハウスは基本的に集団生活を強いられます。住居費を何としてでも節約したい人は別にして、大多数の人たちは少しくらい家賃が高くてもプライベートな場所と時間を確保できる物件を選びますから、シェアハウスの競争力は低いと言わざるを得ません」

「それにシェアハウスを管理・運営するのには大変な苦労が伴います。住民同士の交流は確かに売り物になるかもしれませんが、実際の集団生活にはトラブルが付きものです。入居者の生活時間帯が違えば『夜うるさい！』『眠れない！』なんて話になりますし、ゴミ出しやキッチンなどの使い方一つとっても『汚い！』『ちらかったままだ！』と軋轢《あつれき》が生じるきっかけになります。しかも入居者の出入りも頻繁なために新規募集の広告費がかさむので、苦労する割に利回りは決して良いとは言えません。外国人向けのシェアハウスなら成り立つかもしれませんが、それ以外は厳しいのではないでしょうか。少なくとも私はやりませんね」

では民泊は？

「こちらも私は手を出したいとは思いませんね。トラブルは民泊にも付いて回りますよ。夜中に騒いで近隣の住民に迷惑をかける、ゴミを窓から放り投げる、寝タバコで失火させてしまう……。こんなトラブルが起きた時、後処理の責任はすべて大家が負わなければなりません。近隣の住民の家を一軒一軒、頭を下げて回らないといかんでしょうね。それだけではありません。私の知人の大家が所有する民泊の物件では、立て続けに自殺が二件ありました。もしかしたら自殺されてしまうリスクも一般の賃貸物件より高いかもしれませんね。そうなったらもはや事故物件です」

「リスクはまだあります。以前、行方不明になっていた女性の頭部が、民泊の部屋にあったスーツケースの中から見つかったという事件があったでしょう？　今後もそんな事件が起きないとは限りませんよ。もし所有する民泊施設で事件が起きてしまったら、今はインターネットでニュースが世界中に拡散するから、あっという間に評判はガタ落ちになり、客足は途絶えてしまいます」

「そもそも民泊自体が今の日本で商売として成り立つのかどうか、私には疑問です。今年（二〇一八年）六月に施行された民泊新法（住宅宿泊事業法）では、年間の営業日数が百八十日までに制限されましたよね。自治体によっては上乗せ条例を定めて営業日数を百八十日より短く制限しているところもあります。一年の半分も営業できない状況では、採算を取るのはあまりにも厳しいですよ」

「しかも民泊の需要があるような観光地や便利なエリアにはもともとホテルがいくつも営業しているし、新規オープンの可能性もあるでしょう。宿泊費にしても一泊二万円を超える高級ホテルから、二千～三千円で泊まれる安価なホテルまでグレードは様々です。そんなホテルと勝負して勝てるはずはないと思いますね」

ほかに避けるべき物件はあるのだろうか。

「新築の物件は基本的に避けるべきだと思います。理由は明白で、新築の物件は割高だからです。しかも、さっき言ったように家賃は新築が最も高いので、新築を買うとその後の家賃の下落幅が中古よりずっと大きくなってしまい、利回りが急速に悪化していきます。つまり投資対象として安定していないんです。その土地を所有していて、かつ十年先の家賃の水準を想定できるのなら別ですが、基本的には手を出さない方がいいと思いますね」

「対照的なのが築十年以上経った物件ですね。家賃があまり下がらないんです。新築と築五年の物件を比べると家賃には二、三割の差がありますが、例えば築十五年と二十年とでは家賃はほとんど一緒です。入退去者の数さえ抑えられれば、つまり頻繁に出ていかないようにさえすれば、投資対象として非常に安定した物件になってくれます」

ではズバリ、狙い目の物件は？

「ファミリー向けの中古物件ですね。前にも言ったようにファミリーは平均入居期間が長くて、我々アンジェロ・グループが所有する七十平方メートル以上のファミリー向け物件では、平均入居期間はワンルームマンションの五倍の八年に達しています」

「さらにこれもお話ししたと思いますが、ファミリーの方が単身者よりもトラブルが少ないんです。ファミリーの場合、両親は会社や地域、子どもは学校というように何がしかのコミュニティーに所属していて、そこでの役割や責任を負っているので、役割意識や周囲の目が抑止効果を発揮してくれて、周囲に迷惑をかけるような非常識なことをしでかすリスクの芽を摘んでくれているんです」

「ほかにもファミリーのメリットはいくつもあります。何よりも家族が一緒にいるので自殺や孤独死のリスクを避けられます。実はアンジェロ・グループが所有するワンルームマンションでは入居者が自殺して、そのまま二、三日、だれも気づかなかったことが何度かあったんです。ファミリー向けの物件ではこのようなことはまず起こりません」

「大家との関係もファミリーの入居者の方がいいと思いますね。外壁をきれいにしたり、色を塗り替えりした時など、ファミリー層の入居者は喜んでくれますが、単身者はあまり反応がないんです。単身者は大家とはあまり口をききたくない、触れ合いたくないという人が多いのかもしれませんね。ですから私は建物面積が同じなら、五十戸のワンルームマンションより十五戸のファミリー向け物件を勧めます」

4

ここで不動産仲介会社との関係に戻ろう。

大家と不動産仲介会社との非対称な関係を象徴する事例は枚挙に暇がない。

第１章でも触れたように、大川は「不動産仲介会社はしばしば、広告料を多く支払ってくれた大家の物件を優先して入居希望者に紹介する」と指摘する。

現状の不動産賃貸ビジネスでは、入居希望者に接する機会は不動産仲介会社の方が大家よりはるかに多い。この情報の非対称性を利用して、不動産仲介会社は自分たちに都合の良いルールで不動産賃貸ビジネスを取り仕切っている。

不動産仲介会社がもらった広告料の金額で大家の扱いを変えるのは、その象徴的な事例だと言えるだろう。

ではそんな有利な立場にある不動産仲介会社にいいように利用されてしまわないための方策はあるのだろうか。

大川は「サブリース契約は結ばない方がいい」と断言する。

サブリースとは不動産仲介会社による物件の一括借り上げ・家賃保証の仕組みで、不動産仲介・管理会社が大家から賃貸マンション・アパートなどの賃貸物件を一棟まるごと借り上げ、入居者を募集し、管理・運営を行う。

大家にとっては、入居者がいてもいなくても不動産仲介・管理会社から一定の家賃を保証されるうえに、入退去に関する手続きや家賃の集金から解放されるというメリットがあると言われるが……。

「私はサブリースを全面的に否定しますね。というのも、なぜ彼ら（不動産仲介・管理会社）がサブリースによる一括借り上げ・家賃保証を提案するのか、彼らの立場に立って考えてみるとよくわかるからです。要するにサブリース契約を結んだ方が彼らは儲かるからですよ。十年でも十五年でも借り上げてくれるのは、その間、利益を得られるからです。逆に言えば入居者が減り、利益を得られなくなったら、すぐに契約を打ち切りかねません。

彼らは大家のためにに慈善事業をしてくれているのではなくて、あくまで自分たちの儲けのためにに大家を利用しているんです」

「サブリースの場合、ごく一般的な相場だと、彼らは家賃の八掛けの賃料を大家に保証します。家賃が五万円なら八割の四万円ですね。ただし、彼らは二割のさやを抜くだけではなく、入居者を募集するための広告費や退去時のリフォーム費用も請求してきますので、実際には家賃の八掛けどころか七掛け、六掛けになってしまい、大家に残るのはせいぜい三万円から三万五千円です」

大家自身が物件を管理・運営するよりも大幅に収入が減ってしまう……。

「その通りです。そうであれば、最初から家賃相場の八掛けで大家自ら入居者を募集すればいいとは思いませんか？　その方が入居者にとってもメリットがありますから、平均入居期間は間違いなく長くなるはずです」

「サブリースのメリットとして、『大家は入居者が家賃を滞納してしまうリスクを避けられる』とよく言われますが、それについても信用できる家賃保証会社を利用すればサブリースと同じように滞納リスクを抑えられます。家賃保証会社とは、入居者が家賃を滞納した時、連帯保証人と同じような立場で家賃を立て替えてくれる会社ですね。中には怪しげで信用できない会社もありますが、オーナー会や大家会などで評判を聞いてみて、ここなら大丈夫だという会社を選べばいいと思います」


不動産会社との付き合いで忘れてならないのは、結局、言いなりにならないことだと言う。

「要するに不動産会社に頼りきらないこと、任せきってしまわないことです。大家自らが汗をかき、知恵を働かせる覚悟が不動産ビジネスには絶対に必要です」

「知り合いの大家の話です。入居者がなかなか集まらず、どうしたらいいだろうかと不動産会社に相談したら、部屋のリフォームをしようと提案されました。リフォーム代を払って部屋を改装したけれど、入居者が集まらない」

「再び不動産会社に相談したところ、もっと募集広告を増やした方がいいと提案され、だんだん広告料が上がり、最大家賃六カ月分の広告料を払って広告を増やしました。しかし、それでも入居者が集まらない。『家賃を下げましょう』――不動産会社はまたしても提案してきました。大家は不動産会社を信じて家賃の値下げに踏み切りましたが、結局、入居者は集まりませんでした。それで不動産会社はどうしたと思いますか？」

さらに新たな提案をしてきた？

「それならまだましです。『おたくのマンションの管理はもうできません』と管理契約を一方的に打ち切ってきたんです。嘘みたいな話でしょう？　でも現実の話で、しかもこういうのは不動産賃貸ビジネスの世界ではよくある話なんです」

「私自身、こんな経験がありました。アンジェロ・グループの物件で、不動産管理会社に毎月十五万円を支払っていました。内訳は管理費が十一万円、清掃代が四万円です。その物件は、退去者がこの十年で一人も出ていない優良物件だったので、私は安心しきって不動産管理会社に任せていたのですが、たまたま現地を訪ねてみて愕然としました。建物は薄汚れ、壁に苔が生えていました。敷地の庭には古タイヤなどのゴミが雑然と積まれています」

「私はすぐに不動産管理会社に連絡して『どうなっているのか？』と問い合わせました。すると相手は『忙しくてこの一カ月間、十分に掃除できていませんでした』と言うのです。もちろん言い訳に過ぎません。一カ月やそこらでは壁に苔は生えませんからね。不動産管理会社は長い年月、ろくに掃除してこなかったんですよ。私が優良物件だということで安心してしまい、目を光らせていなかったために、手を抜いていたんです」

「私は不動産管理会社に管理費の値下げを要求し、呑んでもらいました。これは私がビッグオーナーだからできたことで、一般的な大家には無理でしょう。大事なのは不動産管理会社の言いなりにならない姿勢です。彼らの仕事ぶりを小まめにチェックして、指摘すべきことを指摘する態度です。要するに不動産管理会社に緊張感を持たせ続ける接し方が必要なんですね」

「とりわけ不動産管理会社の数が少ない地方都市ではそれが言えると思います。競争が厳しくないので、どうしても手を抜きたがるんです。私自身、今話した一件では『満室が続いているからと安心しきって不動産管理会社に任せきってはいけない、時には現地を訪ねてみないと駄目だ』と反省しました」

5

ここまで、買い取った物件を長く所有して賃貸収入を得続けるインカムゲイン型の不動産賃貸ビジネスについて話を聞いた。インカムゲインとはすでに触れたように、不動産や株式、投資信託などの資産を長期間保有することで安定的・継続的に受け取る現金収入を意味する。

一方で、第３章でも若干触れたように、不動産ビジネスには安く買った物件を高く売却して利ザヤを稼ぐ短期保有、キャピタルゲイン（売却益）型のやり方もある。

とりわけ昨今は都市部の不動産価格が値上がりしており、利回りよりもキャピタルゲインを狙って不動産を購入する業者が急増している。

このキャピタルゲイン型のビジネスについて、改めて大川のアドバイスを聞こう。

キャピタルゲイン狙いのビジネスには絶対に手を出さない真意は何か？

「前にも言いましたが、キャピタルゲイン狙いで長く生き残ってこられた会社はこの世界にはないんですよ。買った物件が値上がりしたら転売し、そのお金でさらにまた物件を仕込んで値上がりを待つ。そんな商売を繰り返しているうちにいつか必ず外れ札を引いてしまいますから。そうならなくてもバブルが崩壊した時のように、市況が一気に悪化して所有不動産を転売できなくなり、借金を返せなくなって破産に追い込まれてしまいます。数字を挙げて説明しましょう」

「駅前の新築ワンルームマンションを一億五千万円で買ったとします。自己資金は五千万円で残りの一億円は金利一パーセントの三十年ローンを組んで払いました。三年後、駅前の再開発が功を奏してワンルームマンションの評価額が上がり、二億円で売却できました。

彼はキャピタルゲイン型の不動産ビジネスを続けていきたいので、転売して利益が出そうな物件を物色します」

「見つけたのはやはり駅前に建った新築のワンルームマンションで値段は二億円でした。実は前に一億五千万円で買ったワンルームマンションと建物面積や立地などの条件はほとんど一緒なのですが、駅前の再開発で全体的な相場が上がったために二億円になっていたんです。この時、彼が持っている自己資金は一億円です。なぜならワンルームマンションの売却で得た二億円から、ローンの全額返済のために一億円を使ったからです。このため二億円の物件は自己資金では買えません。残りの一億円は、再び金利一パーセントの三十年ローンを組んで払いました。さて彼には何が残ったか？」

現金はまったく残っていない……。

「その通りです。彼の手もとには現金は一円もありません。手にしていた五千万円の自己資金は戻ってきていないんです。それどころか再び一億円の借金ができてしまった。新たに二億円で購入したワンルームマンションが運良く値上がりすればいいですが、駅前の再開発は終わっています。ワンルームマンションの評価額は上がらず、それどころか逆に一年、二年と経つにつれて下がっていく。家賃も同様に年を追うごとに下がっていき、ついには年間の利回りでは借金の利息を返せなくなってしまった……」

最悪、自己破産もあり得る……。

「そういうことですね。しかも今の話はごく一般的なシナリオです。景気が悪化し始めたり、その町の人口減少に拍車がかかったりして、不動産市況の潮目がいっぺんに変わり、相場が大きく下落してしまう破局的なシナリオもあり得ます」

「付け加えれば、一億五千万円で買った物件が二億円で売れても、五千万円を手に入れられるわけではありません。税金の支払いがありますからね。五年以上保有し続ければ、長期譲渡を認められて売買時の税率が下がりますが、短期売買を繰り返すビジネスではそうした税制のメリットも受けられません」

「目先の儲け話に目が眩《くら》み、せっかく手に入れた物件を売ってしまうのは愚かだと思います。不動産はその時々で市況が乱高下するので、売買によって利益をずっと得続けるのは難しいどころか困難です」

「実は先日も、三年半前に五億円で購入した物件を『七億円で買いたい』という話が舞い込んできたのですが、売りませんでした。三年半前に五億円で購入した物件は高い利回りをもたらしてくれています。それを上回るような物件を今、七億円で購入できるかと問われれば、私には自信がありません。だから断ったんです。繰り返しますが不動産ビジネスは長期的な視点で計画を練り、実行すべきものです」

これまでの話をまとめれば、失敗しない不動産賃貸ビジネスのポイントは、不動産仲介・管理会社にすべてを任せず、上手にリスクを避け、覚悟を決めて長期的な視点でビジネスを続けるということだろう。

「繰り返しますが、私は入居者が風下に置かれ、不動産会社が大家をいいように利用しているような不動産賃貸ビジネスの前提を少しでも改善したいんです。前にも言ったように、大家にはプロパンガスの紹介手数料や携帯電話のアンテナ設置料、自動販売機の設置料などの家賃以外の収入があります。しかし、これらは入居者には基本的に一円も還元されていません。不動産管理会社がそれらを受け取ってしまうケースも少なくありません」

「『0賃貸0仲介システム』は、『すまアド』によって得られる広告料で入居者が支払う家賃をゼロにする仕組みです。一方、大家にとっては不動産仲介会社を介在させずに入居者を募集できるメリットがあります。賃貸物件のオーナーは物件の間取りや広さ、内観写真などの情報を『すまアド』のページに掲載し、それを見た入居希望者は気に入った物件があればスマホで内覧の予約を取り、指定された日時に現地に赴きます。『0賃貸0仲介システム』が普及したら、今、お話ししたポイントやノウハウの多くは必要なくなるかもしれませんね。そんな日が早く来たらと思いますね」

エピローグ

「動き出した『0《ゼロ》賃貸0《ゼロ》仲介システム』
～これまでと一緒、倦まず弛まず積み上げるだけです～」

姫路市の繁華街でのＷｉＦｉ（無線）の実証実験を終え「0賃貸0仲介システム」の本格的な始動に向けて陣頭指揮を執っていた大川は、ある晴れた日の昼下がり、母の墓前にいた。

大川が小学生の時、父親が事業に失敗して億単位の借金をこしらえてしまい、一家の生活は窮乏した。

以来、大川の母は生活と借金返済のために懸命に働き続けたという。

「母は朝から晩まで働き詰めでしたね。ほとんど休みもなかったのと違いますか。それでも毎月、借金取りが家にやってきて、一生懸命働いて得た給金をむしり取っていくのでお金はほとんど手もとに残りませんでした。母は口惜しかったと思いますよ。口惜しさや怒りは子ども心にもよくわかりましたからね」

その最愛の母が亡くなったのは借金返済のメドが立ったころだった。

享年四十九、大川の今日の成功を見ることは叶わなかった。

「一生懸命、頑張ってきた人が亡くなってしまう。これってどういうことかと今でも思います。本来なら助かるべき人だったんじゃないかって」

大川はそう言ってしばらく沈黙し、再び口を開いた。

「母のことを思うと何が何でも『0賃貸0仲介システム』を成功させなければと思いますね。一生懸命、頑張っている人を何とか助けてあげたいと、口はばったい言い方かもしれませんが、本気で思います。全員を助けることはできなくても、何百人いや何千人かは助けられるんじゃないかって」

姫路市での実証実験を踏まえて、大川たちは今、「0賃貸0仲介システム」を実現させるための課題解決に余念がない。

アンジェロ・グループの物件にＷｉＦｉ用のアンテナを設置する一方、専用アプリのデザインや内容を詰め、広告の集稿にも動き出している。

第一段階の目標は東京オリンピック・パラリンピックが開催される二〇二〇年だ。それまでに月間広告料収入・一億五千万円の獲得を目標としている。この数字を達成すれば、アンジェロ・グループが姫路市内に所有する賃貸物件二千五百世帯全員の家賃をゼロにできる計算だ。

「とにかく地道に一つひとつ積み上げていくしかありませんわ」

大川は携帯電話で部下に指示を出した後、こちらに向かって言った。その表情には疲労の影がうかがえないでもないが、どこか嬉しそうだ。

「要するにこれまでと一緒ですよ。『倦《う》まず弛《たゆ》まず』つまり飽きたり気をゆるめたりせず、しかも焦らず長期的な視点で計画を練り実行して、一つひとつ積み上げていく。一億円を貯めるのに最も確実な方法は、結局一円ずつでも貯金していくことですからね」

「そうやって数を増やしていけば……」

「そう、いつか必ず力になって好循環が生まれます。『０賃貸０仲介システム』の普及に加速度がつくはずですよ。そうなったら『０賃貸０仲介システム』によって、入居者と大家がもっと得をする構造へと不動産賃貸ビジネスを変えていきたいですね」

帰京する新幹線の時刻が迫り、そろそろ大川の会社を辞さなければならなくなって、筆者は好奇心に駆られてふと聞いてみた。

「大川さんご自身の目標とか計画はありますか？　今年は海外旅行へ行こうとか、車を買い替えようとか」

「あまり考えていないですね。強いて言えばダイエットかなあ（笑）。アンジェロ・グループの目標ならもちろんありますけどね。次の目標は三年後に一万世帯達成です。五年後には一万五千、十年後には五万世帯、その時の売上高は月に五十億円を目指します。そのためには一つまた一つと物件を購入して、入居者を募るだけですね。時にはリノベーションして物件の価値を上げて……」

「0賃貸0仲介システム」はいよいよスタートした。

日本で一番住みたい街になることを目指して、姫路市が変わり始める。

大川護郎より皆様へ

家賃ゼロを実現するために、皆さまのご協力をぜひいただければと思っています。賛同していただける人が多ければ多いほど、広告スポンサーも乗ってくれます。皆さんも得になり、私も得になる。いっしょにやりませんか。姫路、日本を変えてみませんか。

明日の自分を変えるには今動くこと変化させること、一年後の幸せを得るには今動くこと変化させること、死を迎えるときに「ああ幸せだったな」と思うには、今動くこと変化させることです。

よろしくお願いいたします。

0賃貸に関しての寄付について
～業界を変える為、頼りになるのは“数の力”である～

0賃貸の成功は、様々な地方創生事業につながっていくと考えています。

たとえば、ゴルフでプロを目指すスポーツ選手や研究を極めたい大学生など、家賃をゼロにすることで若者たちの夢を支援できます。また、家賃ゼロを高齢者にも適応していくことで、リハビリ施設や病院　誘致など超高齢化社会への対応も実現できます。

日本の未来を切り開くためにあなたの力を貸していただけませんか?

本趣旨にご賛同いただけます場合は、銀行振り込みにてご送金下さい。


但陽信用金庫（金融機関番号 1696）店番号 034 口座番号 0070028 カ）ｱﾝｼﾞｪﾛ

お問い合わせはこちらまで〔株式会社 ANGELO 姫路支社　079-287-2070〕

ANGELO会員大募集！

全国に普通賃貸は約 1650 万世帯、大家は約 300 万以上います。管理会社には大家が把握できてない収入があり、そんな情報を知っている大家と知らない大家では大きな差があります。

ANGELO会の主催者、大川護郎が 5008 世帯、駐車場 2712 区画、借入 487 億円の実績と知識・経験、そして交渉方法を全て教えます!!

本会では全国に多数ある大家の会とは一線を画し、会員同士の意見交換や情報交換、管理会社の手数料収入の実態や、AD（広告料）・リフォーム費の支出方法を研究するなど、大家業に必要なノウハウを学ぶことができます。全会員で明るく楽しい大家の会をつくっていければと思っています。

そんな【ANGELO会】を、私たちと共に一緒に作っていきませんか?

株式会社 ANGELO HP　　**入会申込フォーム**

お問い合わせはこちらまで〔株式会社 ANGELO 姫路支社　079-287-2070〕

大家による大家のための「ANGELO保証」を作りました！

現在、人口が減る中、大家の収益を上げることは難しくなってきています。

その難しい時代を勝ち抜く為、大家業を持続させていく為には収入を上げ、支出を下げることが必要になってきます。管理会社の手数料の一つとして保証会社の斡旋手数料がありますが、これを取り戻しませんか?

そのために私たちは大家のために『ANGELO保証』という保証制度を作りました。保証内容についても他のどの保証よりも大家に得な手厚い内容になっております!

大手保証会社「いえらぶ」と組み、大家が管理会社に『ANGELO保証』を使うように指示するだけで管理会社から大家に手数料が入る仕組みです。『ANGELO保証』を利用すると、最初は管理会社からクレームが入ると思います。ですが今のまま管理会社に収入を渡しても、管理会社は入居者の為には使ってくれません。私たち大家であれば、その収入を入居者様に還元することが可能です。大家と入居者が共に良くなる為に、皆さん、そろそろ立ち上がりませんか?

ANGELO保証　専用ページ→　http://www.angelohosyou.com/

お問合せメールは、shinya-abe@ielove-group.jp ANGELO 保証専属担当迄
ANGELO ×株式会社いえらぶパートナーズ

〈著者紹介〉
大川護郎　実業家
1972年兵庫県生まれ。姫路市に育ち、小学生のときに親の会社が経営破綻、貧困生活を送る。16歳で新聞販売店に就職。23歳のときにコツコツ貯めたお金で不動産投資を始める。以降、23年で296棟5008世帯（2018年12月現在）、家賃収入を含めた総年間収入約50億円にまでなる。近年、全国のセミナーなどで「ゼロ家賃」構想を発表し、大反響を浴びる。2018年にはTOKYO MX「シゴト手帖」をはじめ、多くのテレビ番組に出演し、大きな注目を集めている。

渋谷和宏　作家／経済ジャーナリスト
1959年神奈川県生まれ。84年日経BP社入社。「日経ビジネス」副編集長などを経て2002年4月「日経ビジネスアソシエ」を編集長として創刊。ビジネス局長（「日経ビジネス」発行人、「日経ビジネスオンライン」発行人）、「日経BPnet」総編集長などを経て、14年3月末、日経BP社を退社、独立。現、大正大学表現学部客員教授。97年に長編ミステリー『銹色《さびいろ》の警鐘』（中央公論新社）で作家デビュー。他著に、渋沢和樹名義で『バーチャル・ドリーム』（中央公論新社）、『罪人《とがびと》の愛』（幻冬舎）、井伏洋介名義で『月曜の朝、ぼくたちは』『さよならの週末』（ともに幻冬舎）、渋谷和宏名義で『文章は読むだけで上手くなる』（PHPビジネス新書）、『働き方は生き方』（幻冬舎文庫）などがある。

「家賃ゼロ賃貸」構想が日本の常識を変える
〝姫路のトランプ〟と呼ばれる不動産王の発想力
2019年1月30日　第1刷発行

著　者　大川護郎　渋谷和宏
発行者　見城 徹

発行所　株式会社 幻冬舎
〒151-0051 東京都渋谷区千駄ヶ谷4-9-7

電話：03（5411）6211（編集）
03（5411）6222（営業）
振替：00120-8-767643
印刷・製本所：錦明印刷株式会社

GENTOSHA

検印廃止

本書は書き下ろしです。原稿枚数265枚（400字詰め）。

ISBN978-4-344-03428-0　C0095
幻冬舎ホームページアドレス　http://www.gentosha.co.jp/

この本に関するご意見・ご感想をメールでお寄せいただく場合は、
comment@gentosha.co.jpまで。